MITTE DES MENSCHEN

BILDBAND VON

GERD STEINKOENIG

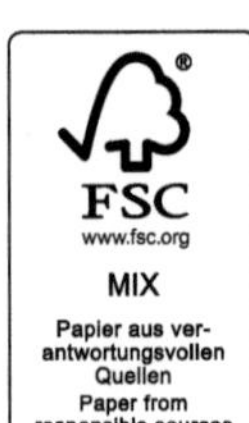

THE RISE AND FALL OF MY ISBN-BOOKS

(Januar 2017 bis August 2023)

Am Anfang war mein erstes Buch Blood On The Rooftops

Es sollte nur EIN Buch sein - überladen in 104 Seiten

Damals noch ohne Fotos - "nur" Worte...

Es war der Prototyp zu den nächsten Books

Davor vor meinem Schlaganfall schrieb ich 7 Bücher

Abgeschlossen - das wars

Mit Enthusiasmus und Arroganz und Neunmalklug

Mit Erinnerungen, Erlebnisse, Musik, Lyrics

2018 hatte ich sogenannte no-isbn-Bücher

Therapiebücher, Synapsenakrobatik

Schon in der Klinik Alzey hatte ich gekritzelt

Mit einem Fleischklumpen als Schreibhand

2019 kam mein 8. ISBN-Buch Danach

Mit Notizen und Erinnerungen von Alzey

Mein 1. ISBN-Buch nach meinem Schlaganfall

Und ich ergänzte es mit Fotos

ALLE Bücher ist EIN Buch

Aber kein Mensch außer mir hatte all books gelesen

Über den Schlaganfall war nicht nur das Buch Danach

Da sind pi mal Daumen über 10 oder 15 Bücher

Ich hatte viele Bücher veröffentlicht

Mein 1. Buch, mein 8. Buch

Die Story von populärer Musik, Später ohne Buch

Meine Pseudonyme Beatrice Farber, Michelle Connery

Ich hatte in meinen Büchern Momentums

Chronologie, Tagebuch, Philosophie, Zeitoasen

Kirschblüten, Vollmond, Zeitoasen

Ein Romänchen von 1966 aus 2022...

Entwicklungen, Fortschritte, Erkenntnisse

Nicht nur in meinen Büchern

Sondern auch für mein Leben

Mit positiver Energie für positive Lösungen

Aber eben auch Wiederholungen

Der Rote Faden zuviel

Gefühlte 100 x The Dark Side Of The Moon

Gefühlte 100 x "Betreuer-Verhaftung"

Es ist zwar ein Ewig-Running Gag

Über ein letztes Buch

Aber diesmal schon als letztes logisches Buch

Und nochmal ein drittes Bildband

1. Bildband: Music Was My First Love (2017)

2. Bildband: Danach den Büchern nun die 80 Bilder... (2021)

3. Bildband: momentan hab ich noch keinen Titel

Aber wie immer... Spontan... Geistesblitz...

C P Gerd Steinkoenig Gerd F Steinkoenig Gerd Gerd 23. August 2023

Zugabe

Ich brauche Entwicklungen über mein Leben

Ohne Bücher - neues Neuleben

Außerdem ist ja facebook, Instagram noch da

KAPITEL 1 - DES AUTORS SAMMLUNG (LITTLE LITTLE AUSWAHL), 6 FOTOS

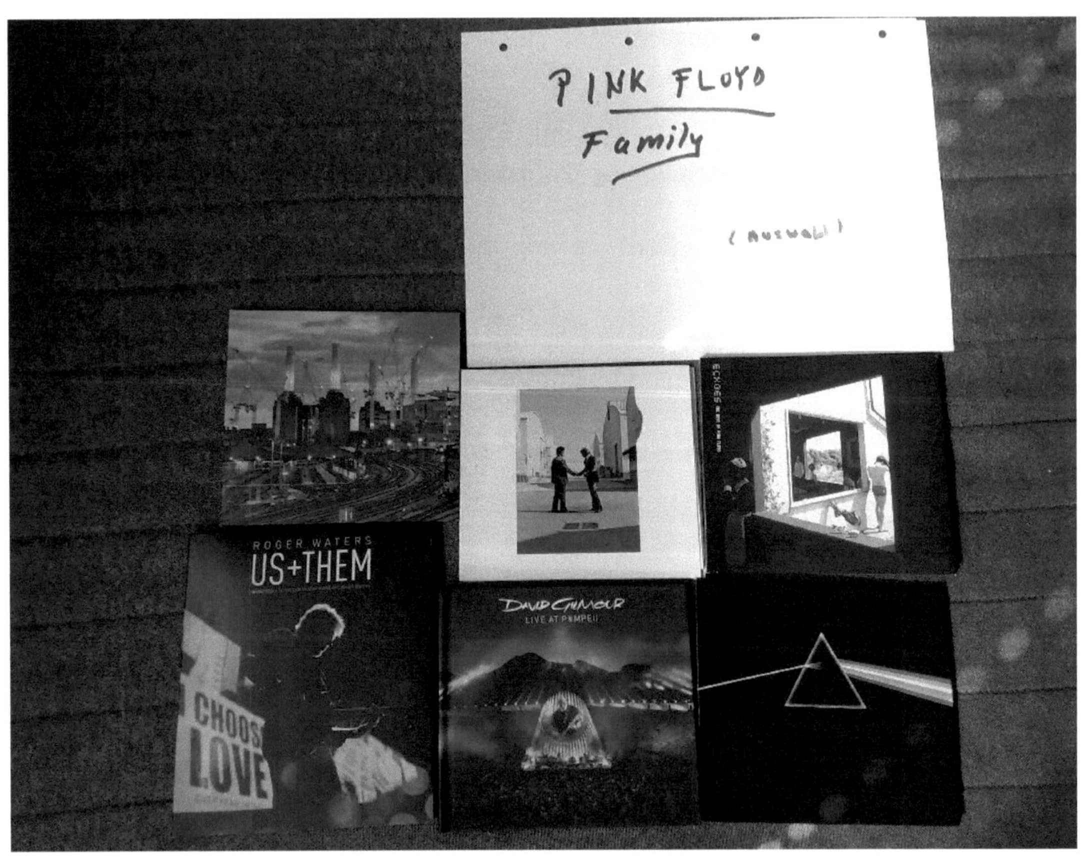

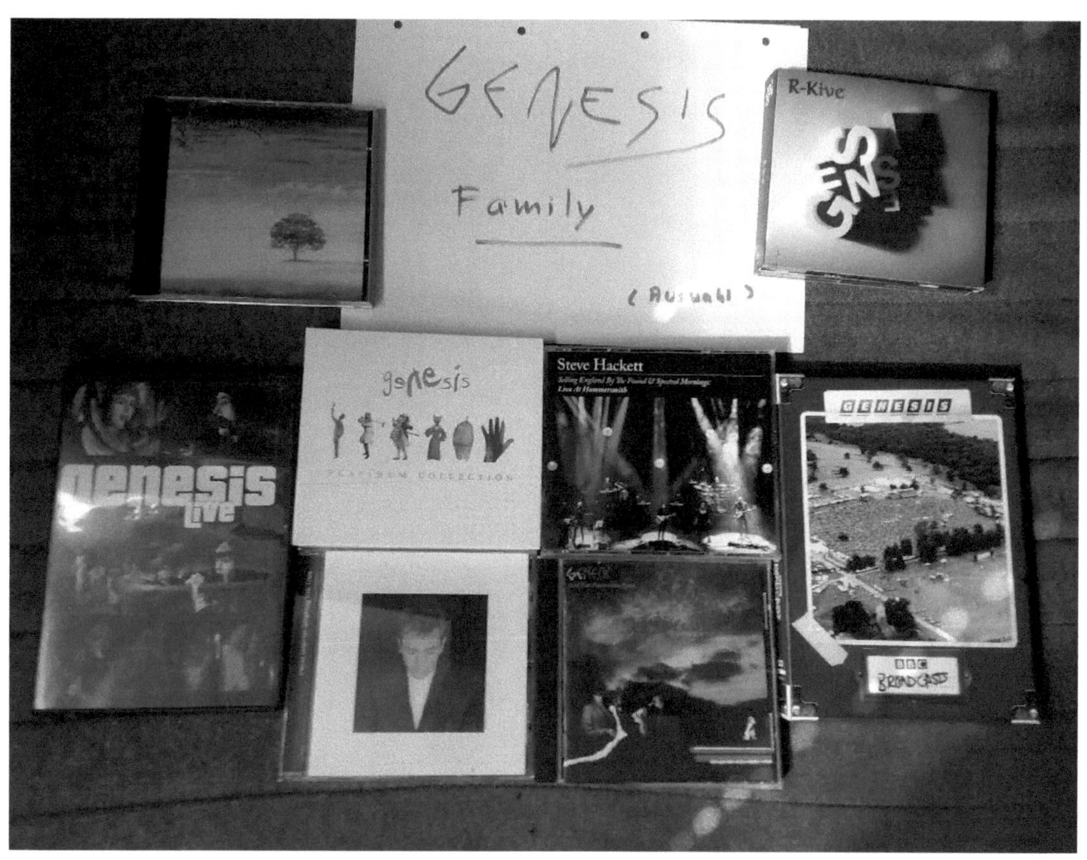

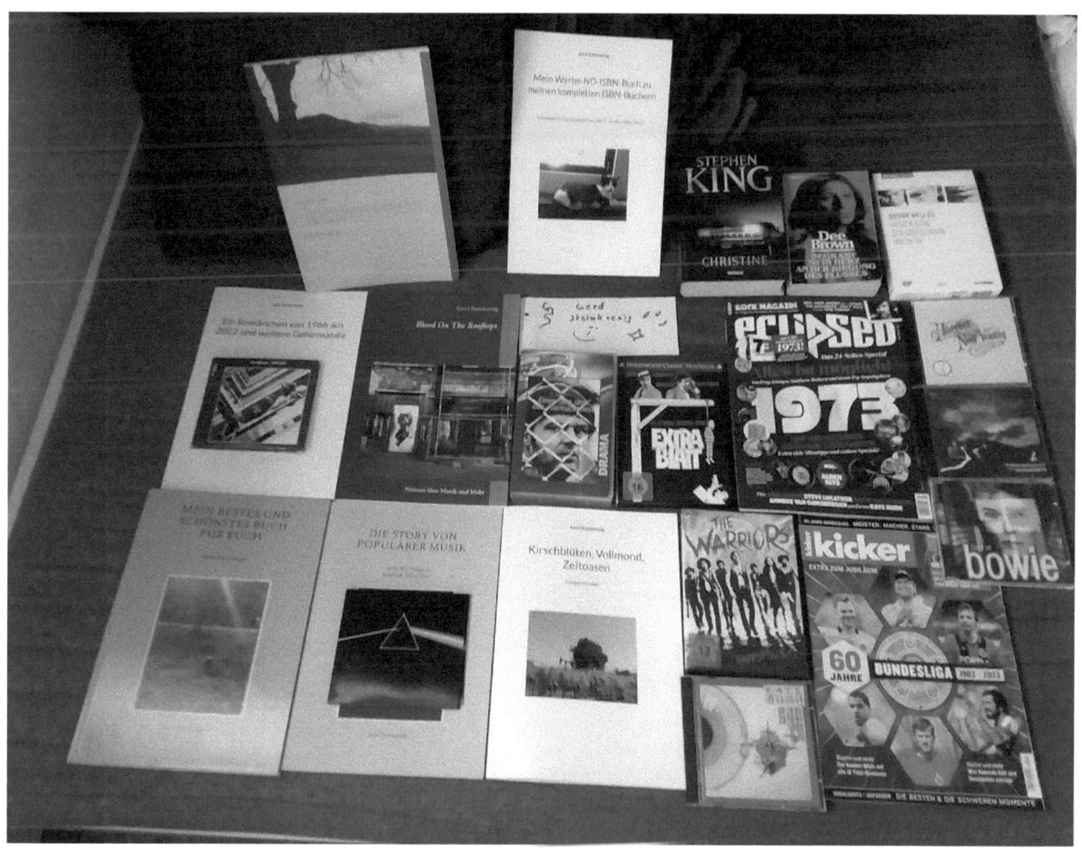

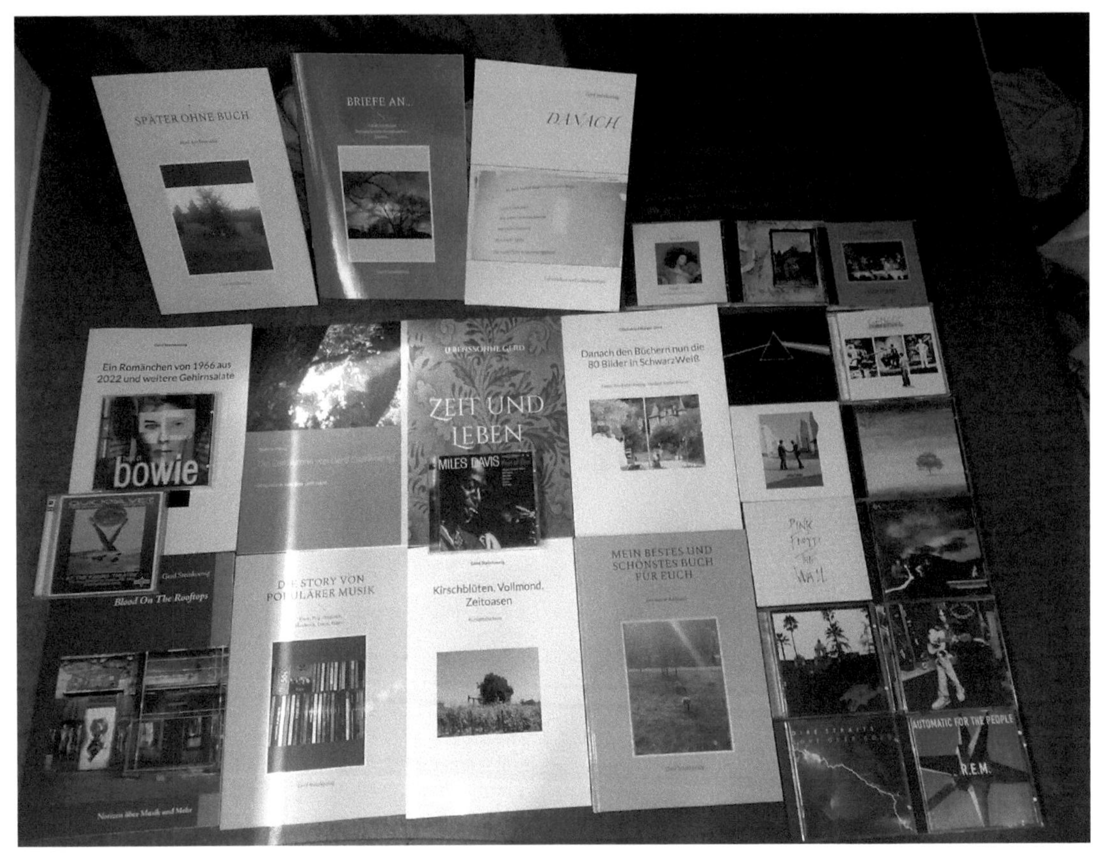

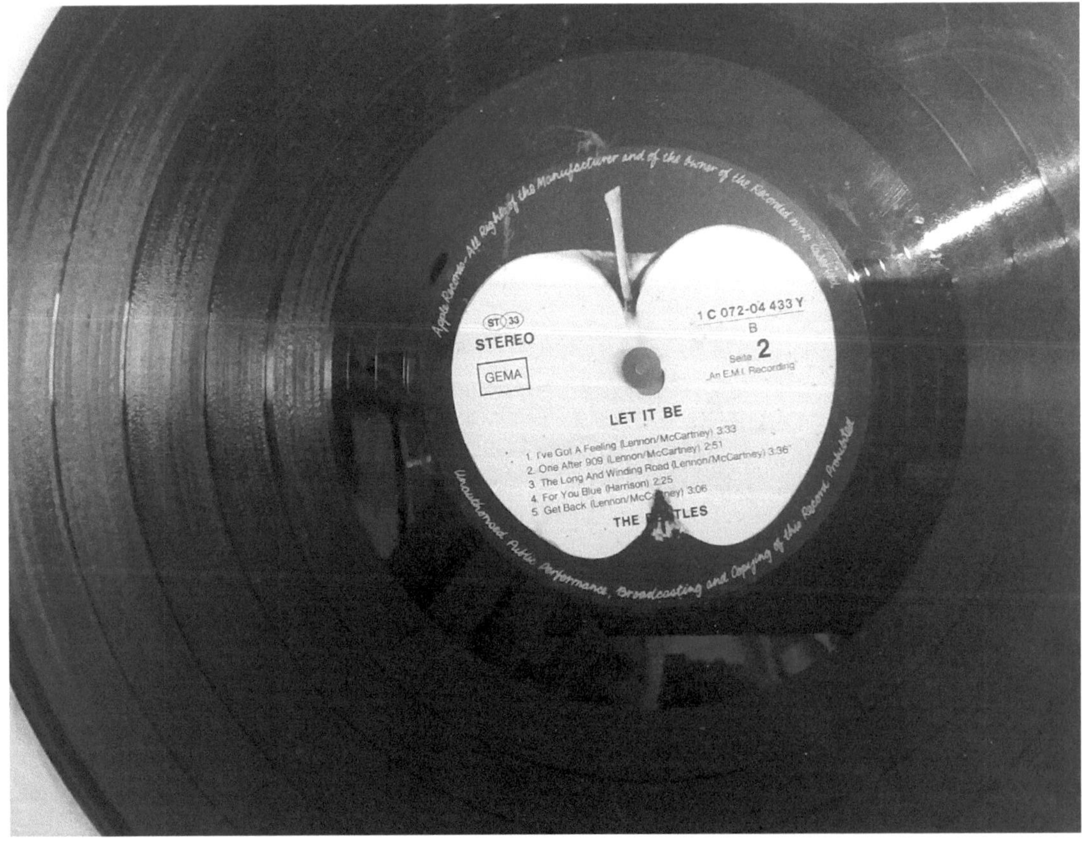

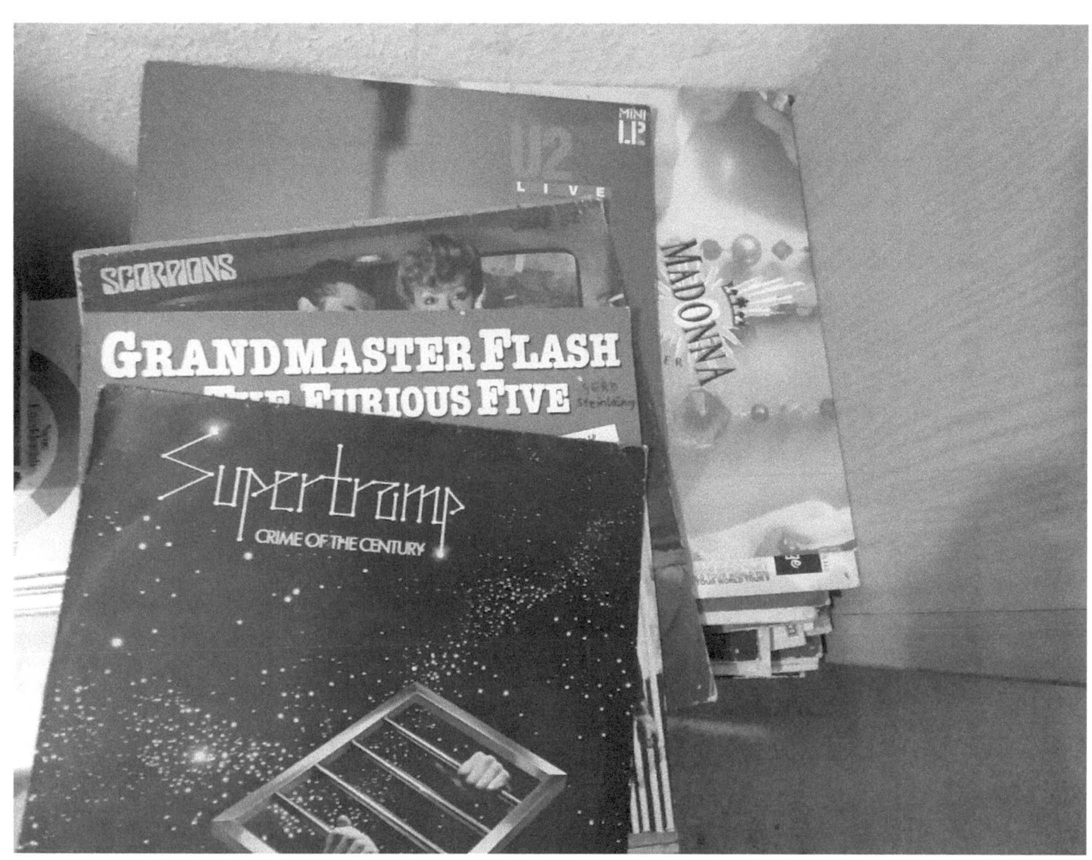

KAPITEL 2 - ONLY FOR ME MIT FACEBOOK-STECKBRIEF

Steckbrief

BoD-Autor, Fotograf, Zeitensammler, Künstler, Musikhörer, Naturfreund, Philosoph, Behinderter!

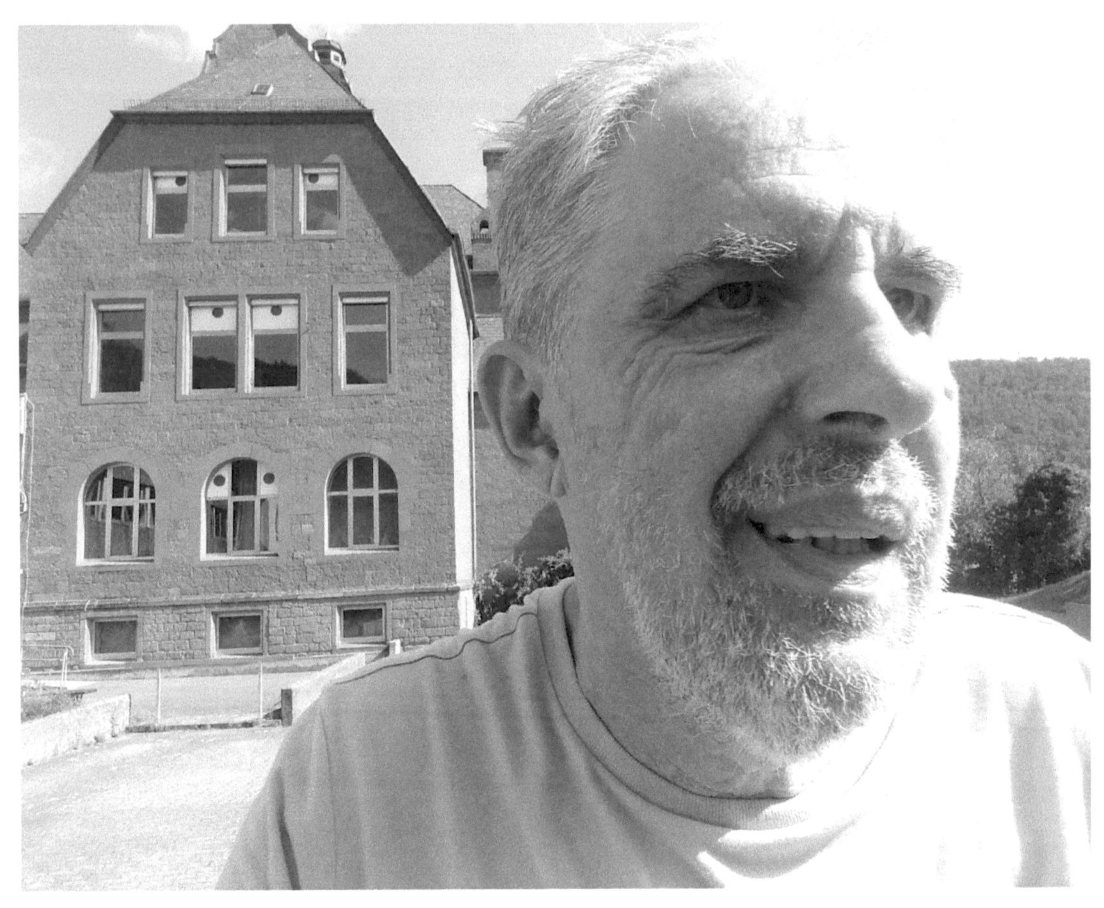

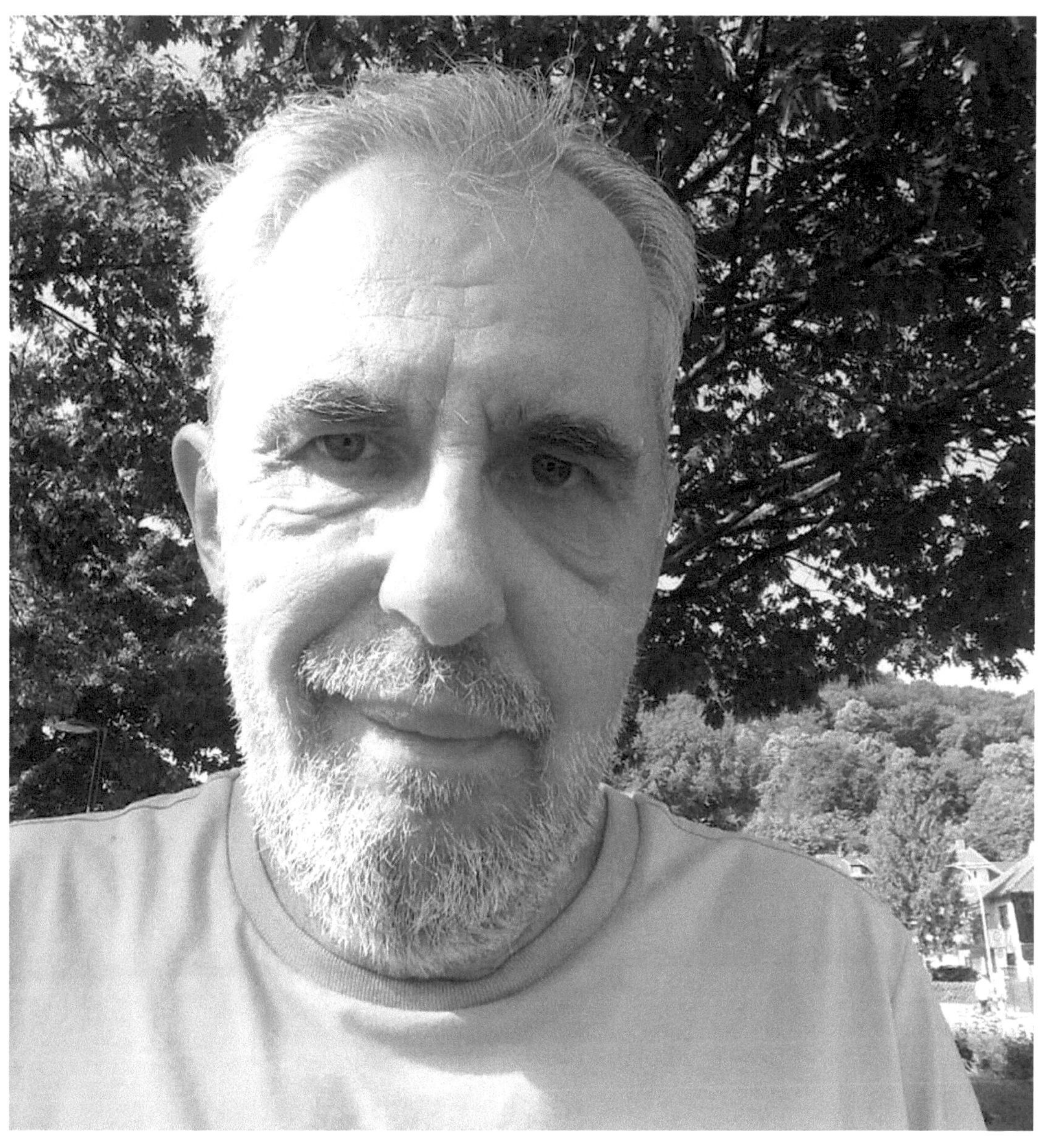

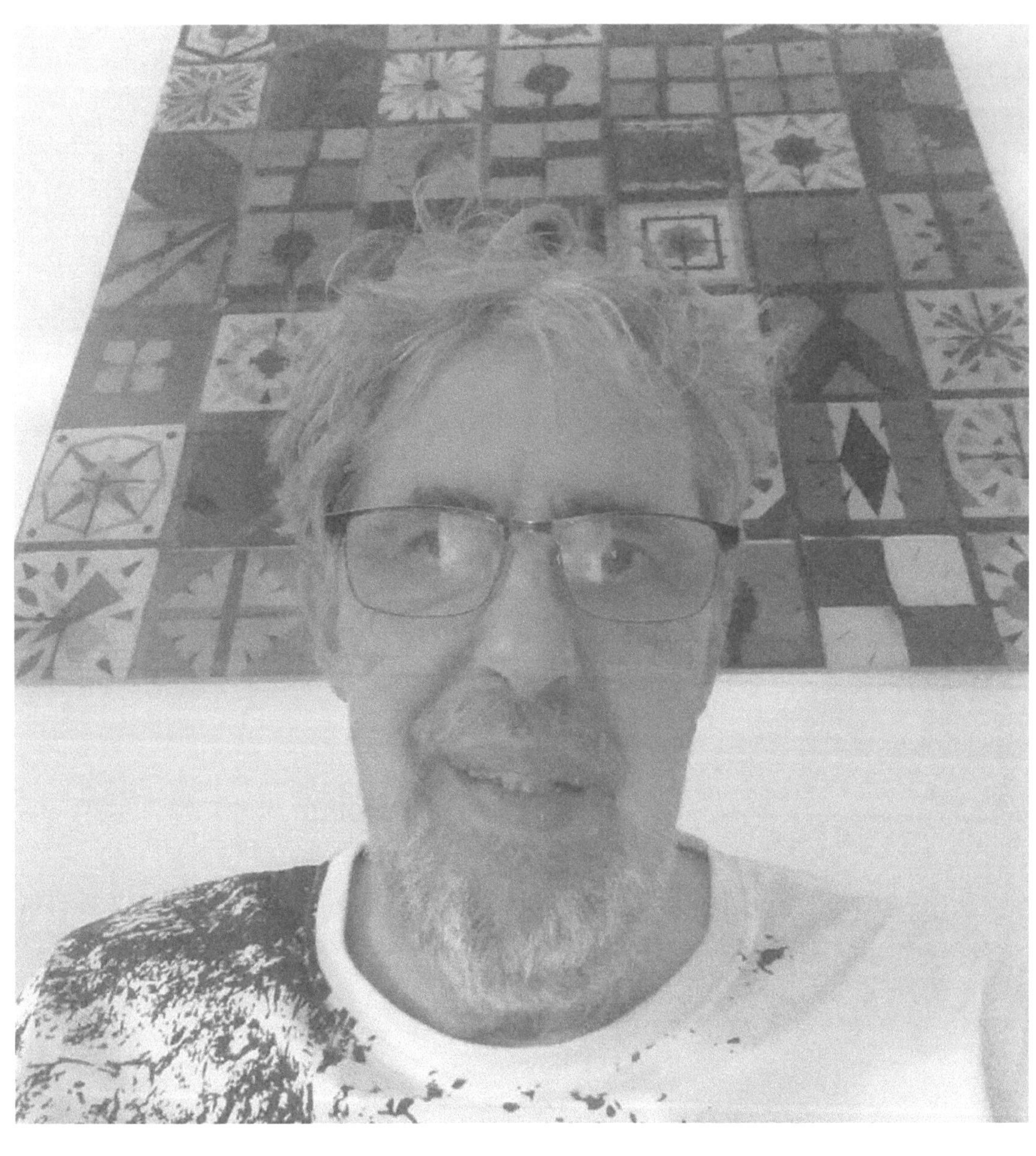

KAPITEL 3 - MOI KATZEMÄÄDSCHE MOLLY (2005 - 2021), WE ARE ONE!

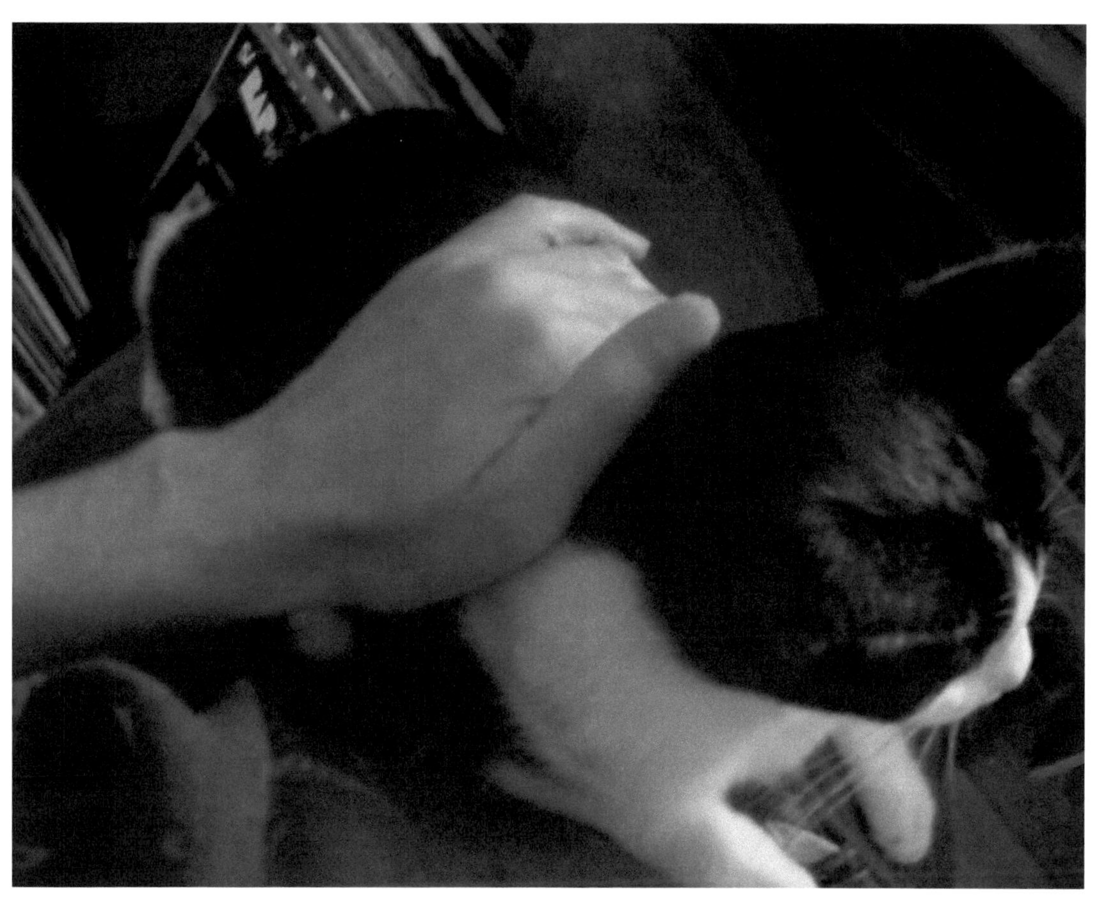

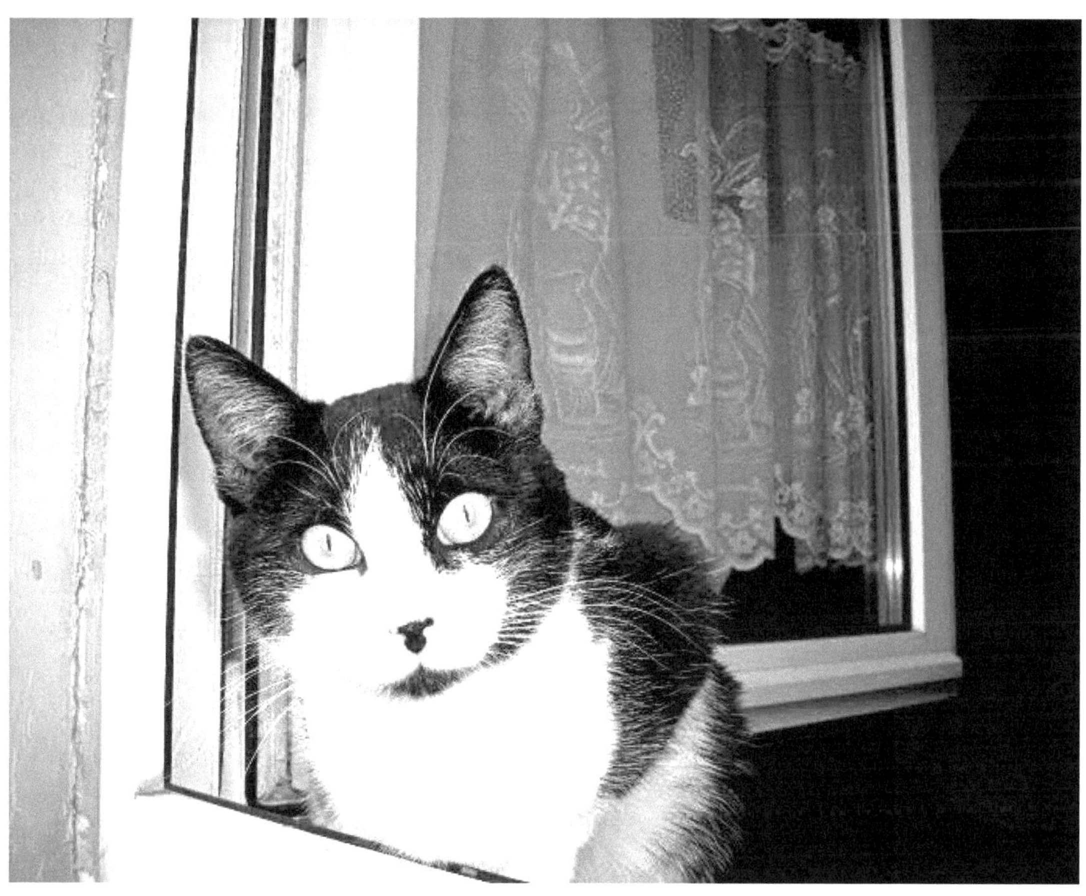

MEIN BESTES UND SCHÖNSTES BUCH FÜR EUCH

Leben, Prosa, Musik, Zeit,
mit Fotos

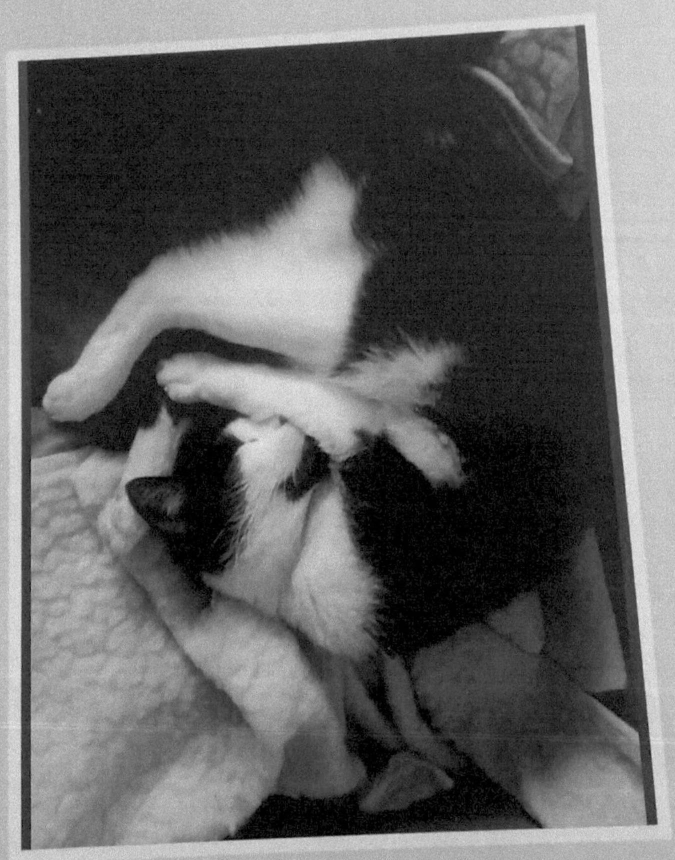

Gerd Steinkoenig

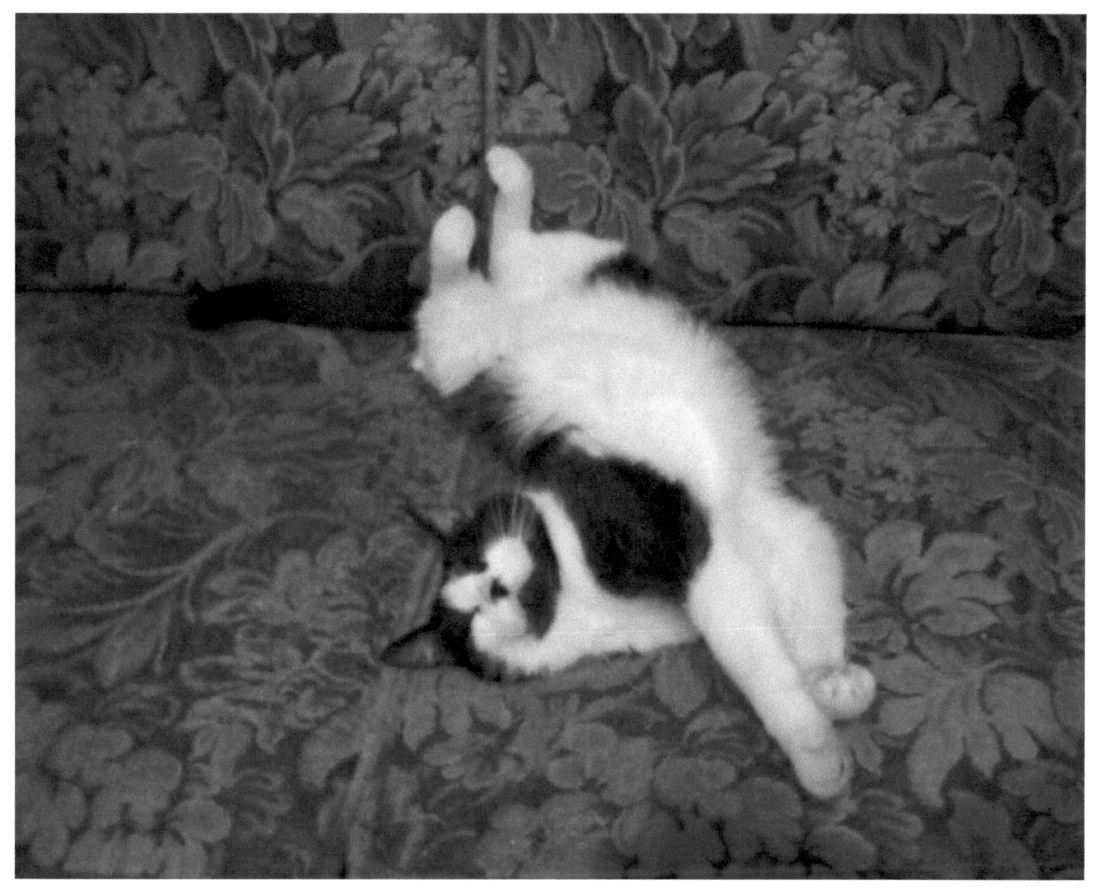

KAPITEL 4 - ANNWEILER AM TRIFELS

Weitere Fotos in meinen diversen Büchern!

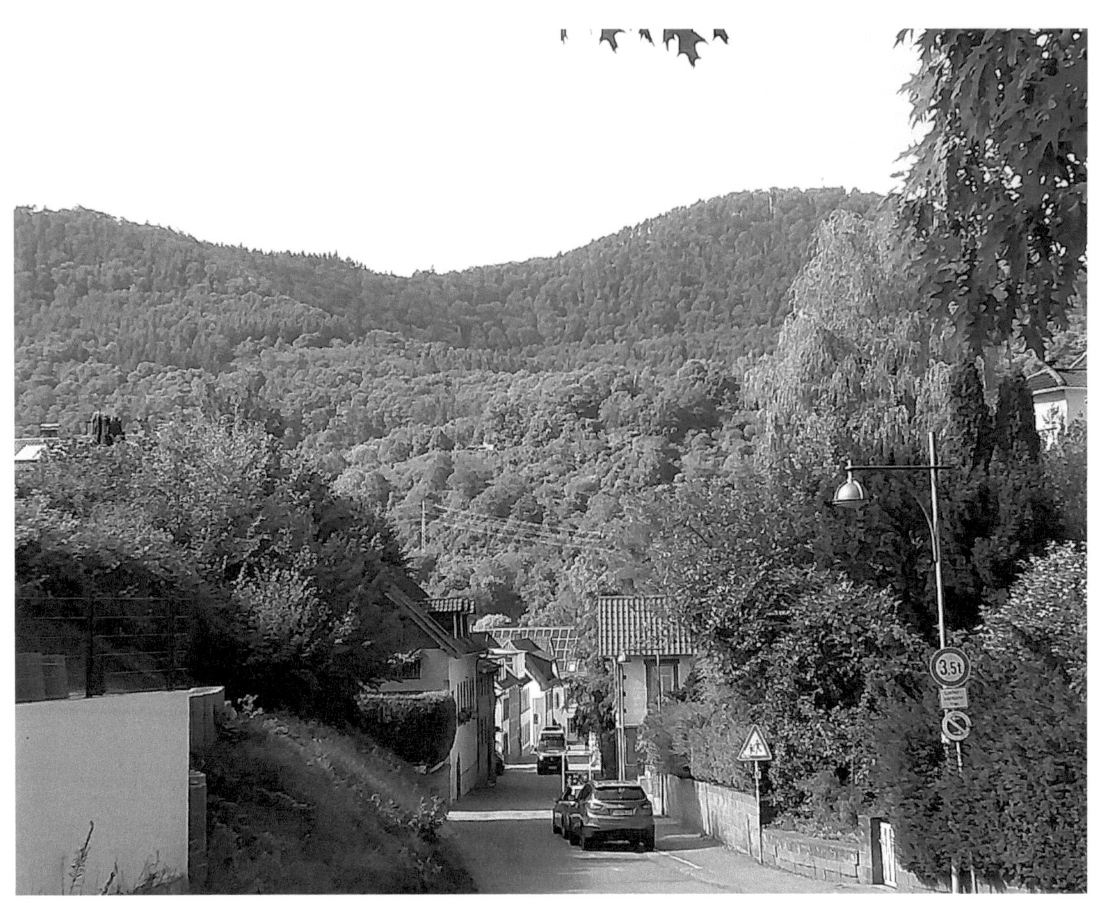

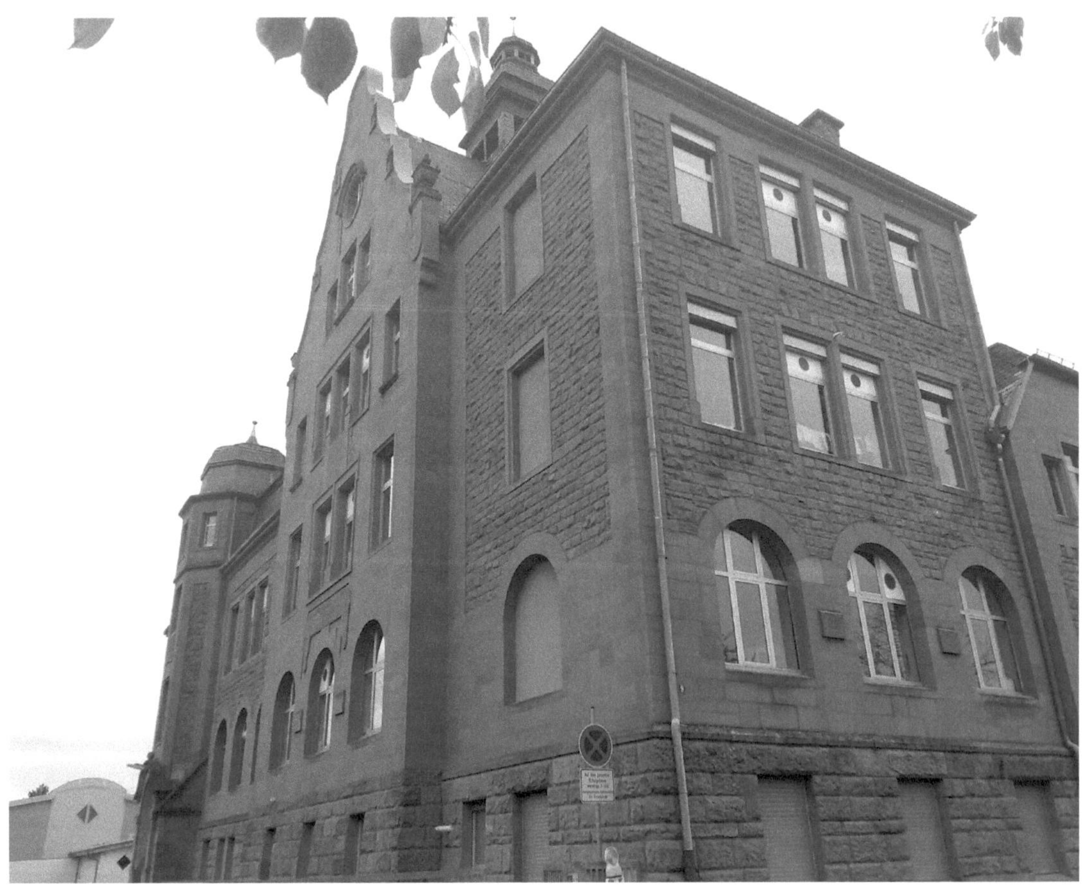

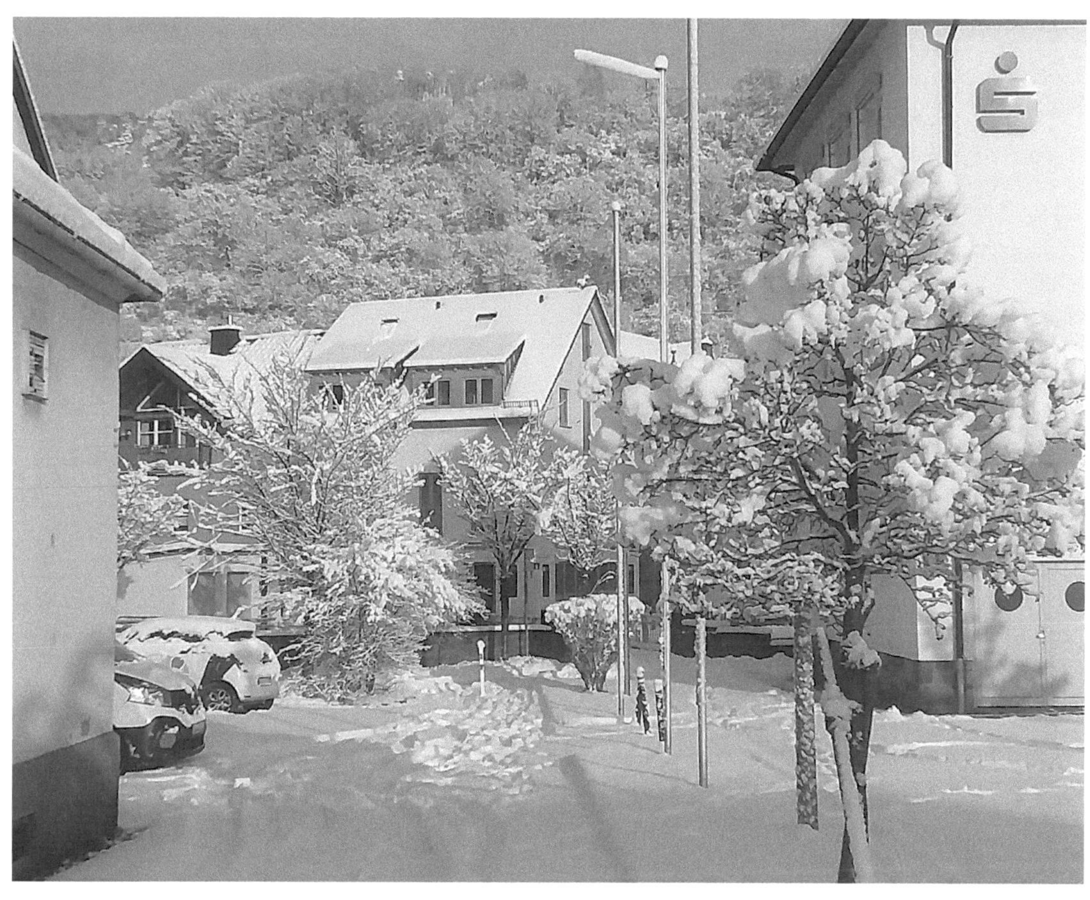

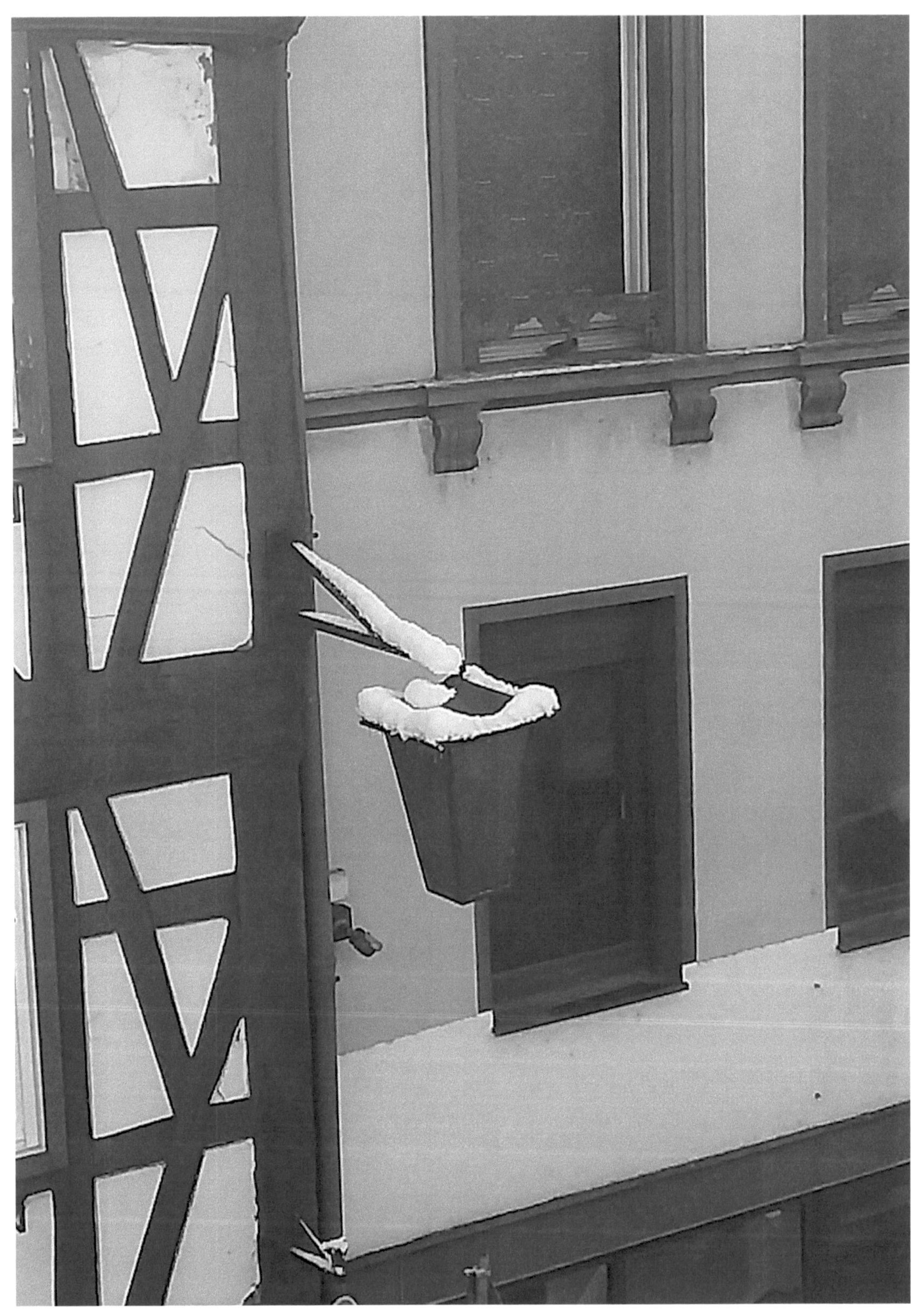

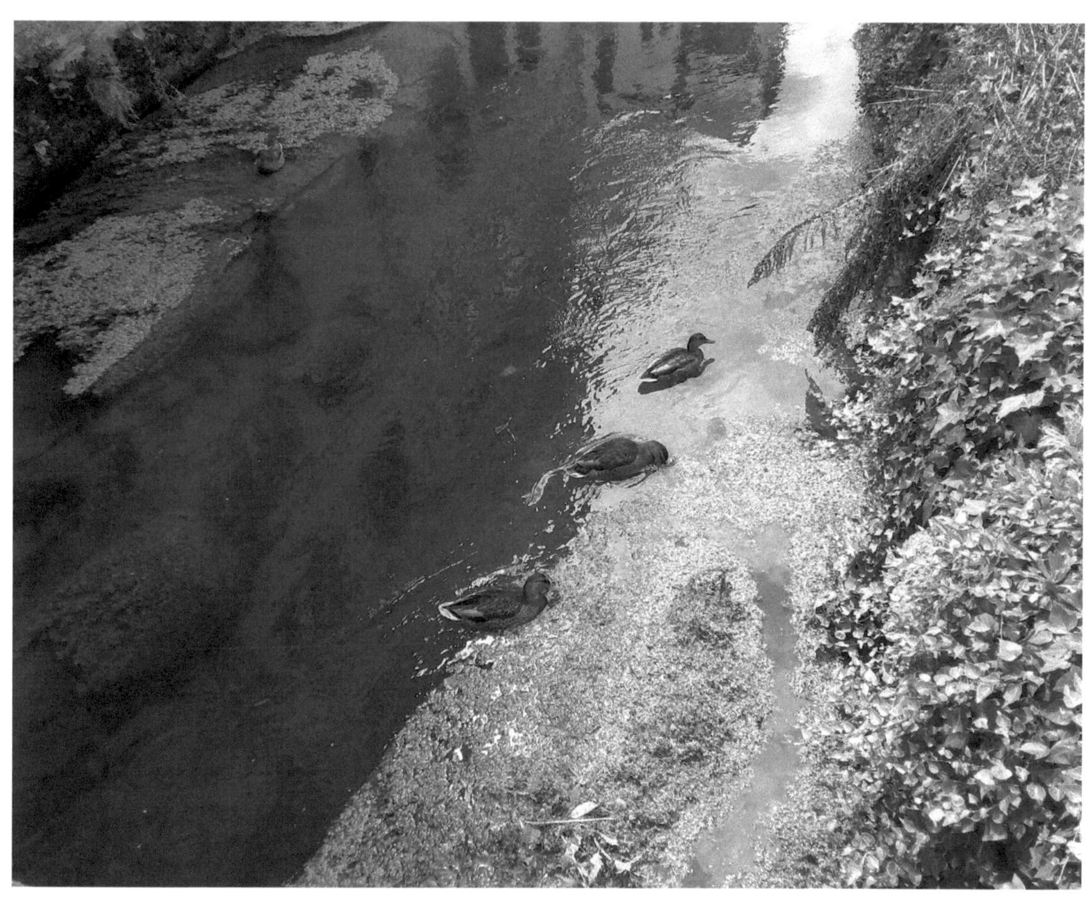

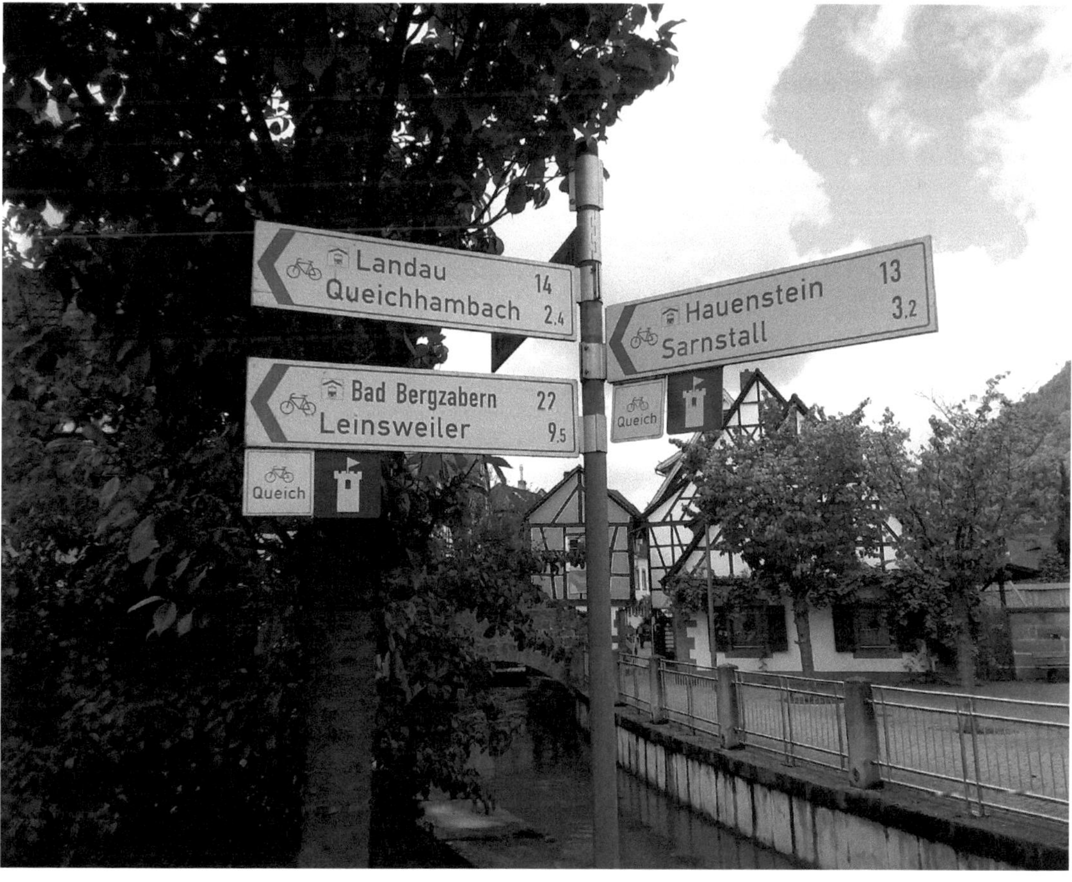
Landau 14
Queichhambach 2.4
Hauenstein 13
Sarnstall 3.2
Bad Bergzabern 22
Leinsweiler 9.5
Queich
Queich

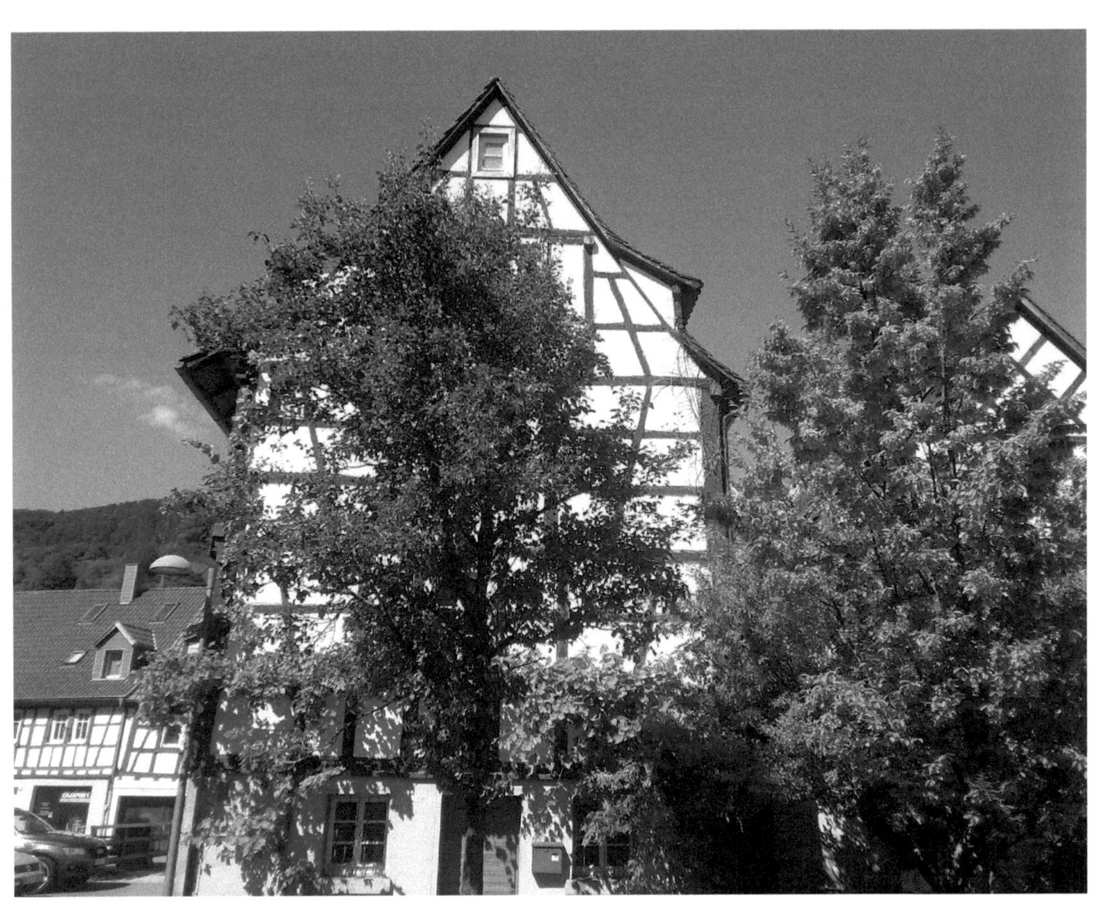

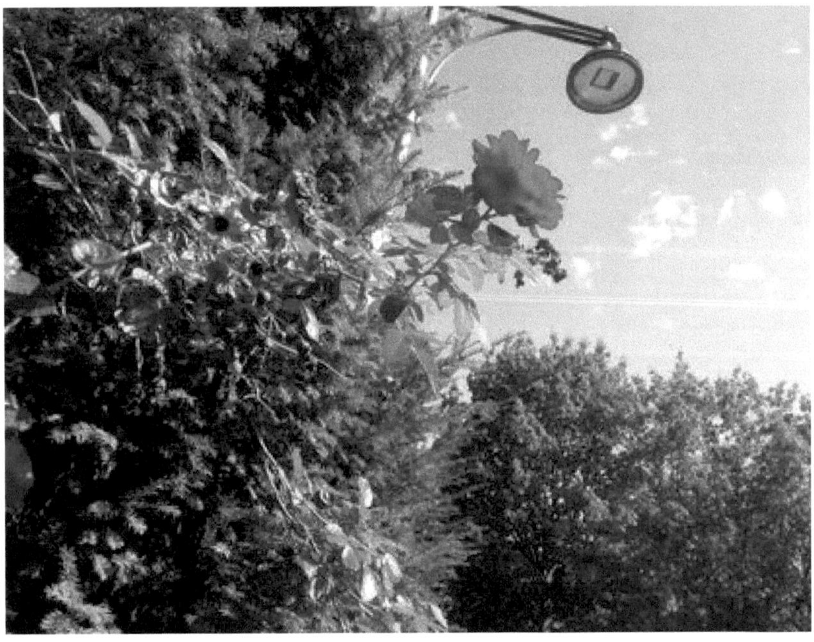

KAPITEL 5 - MEIN LIEBLINGSBAUM (EICHENBAUM IN ANNWEILER), DIESMAL

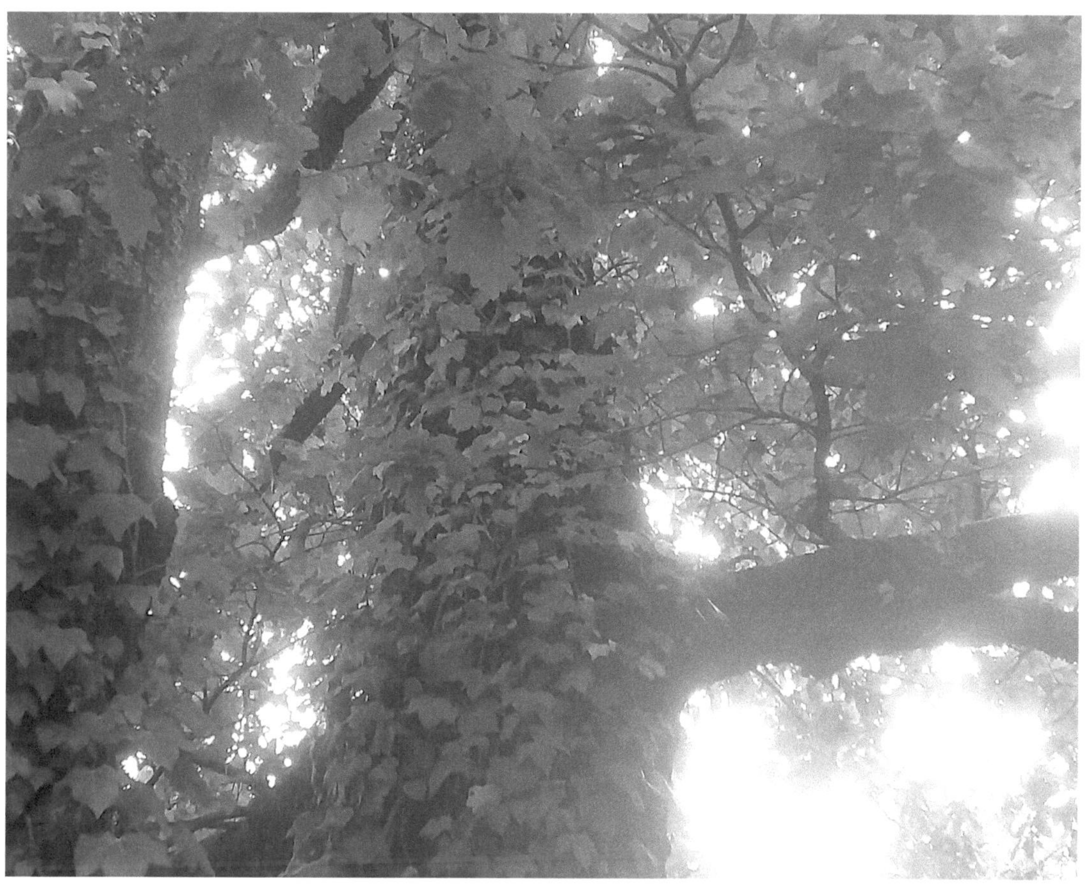

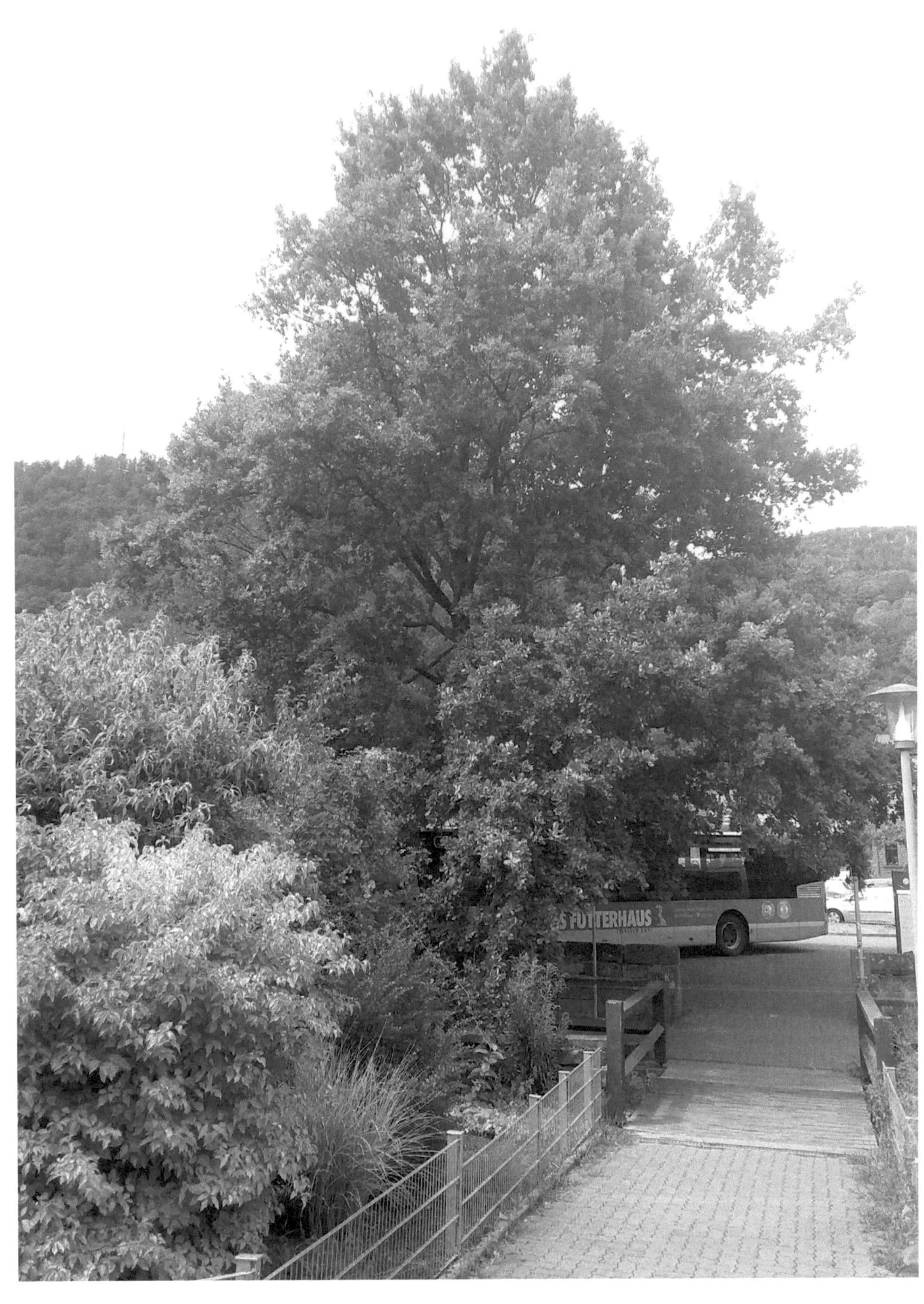
DAS FUTTERHAUS

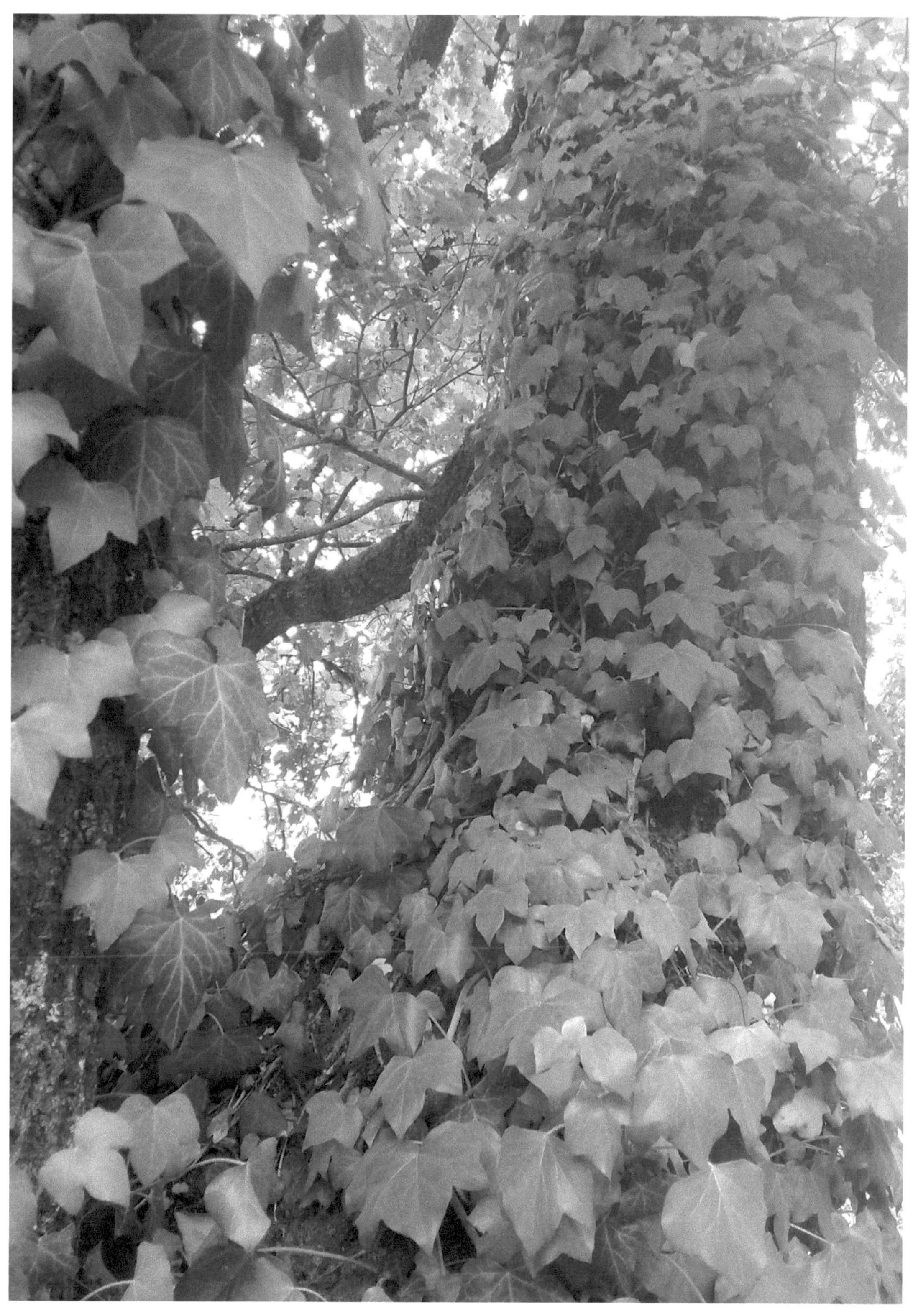

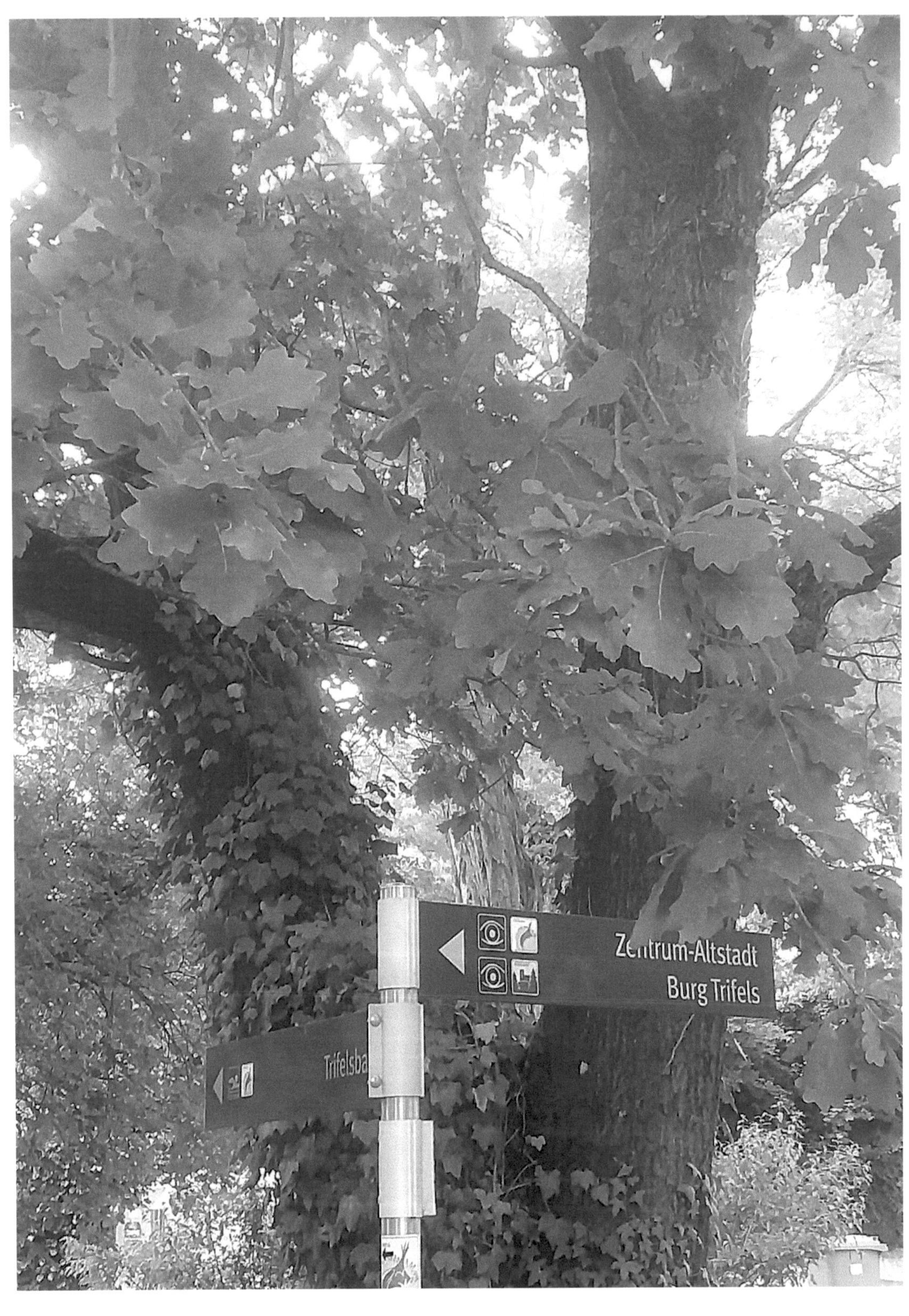

KAPITEL 6 - LANDAU IN DER PFALZ

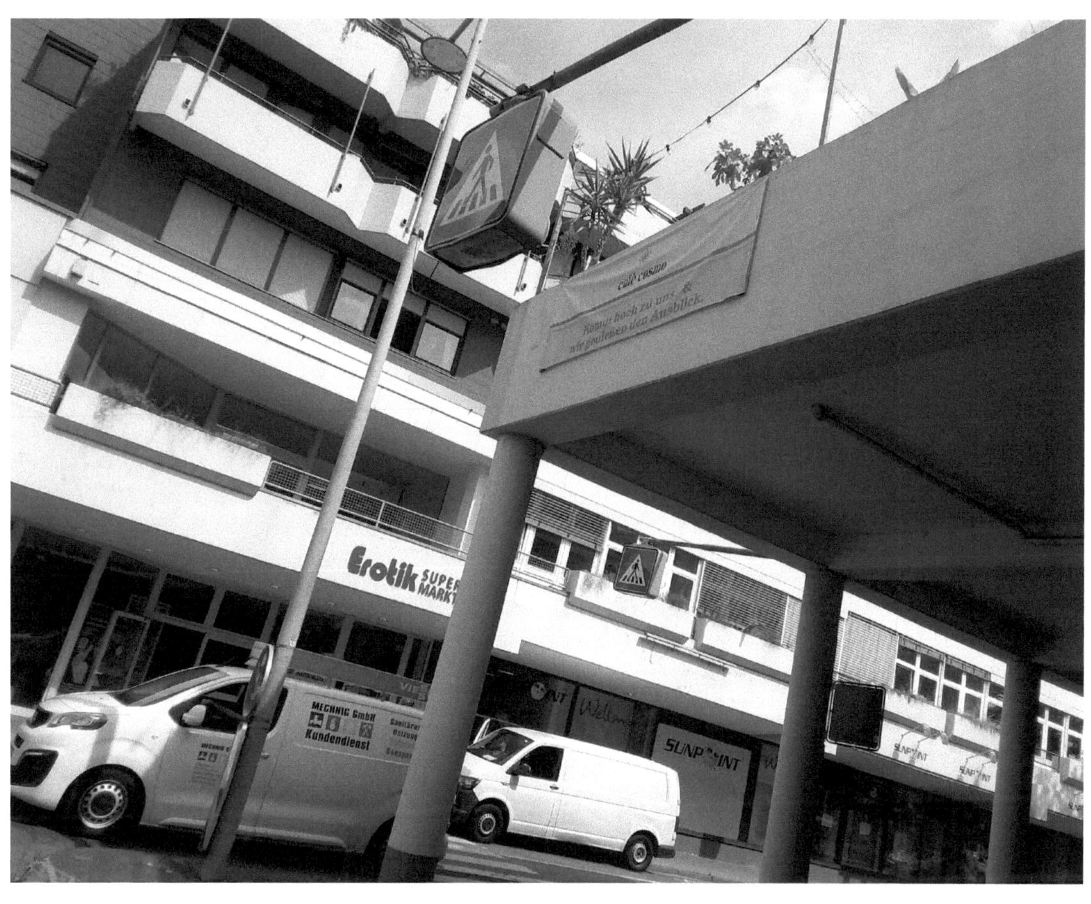

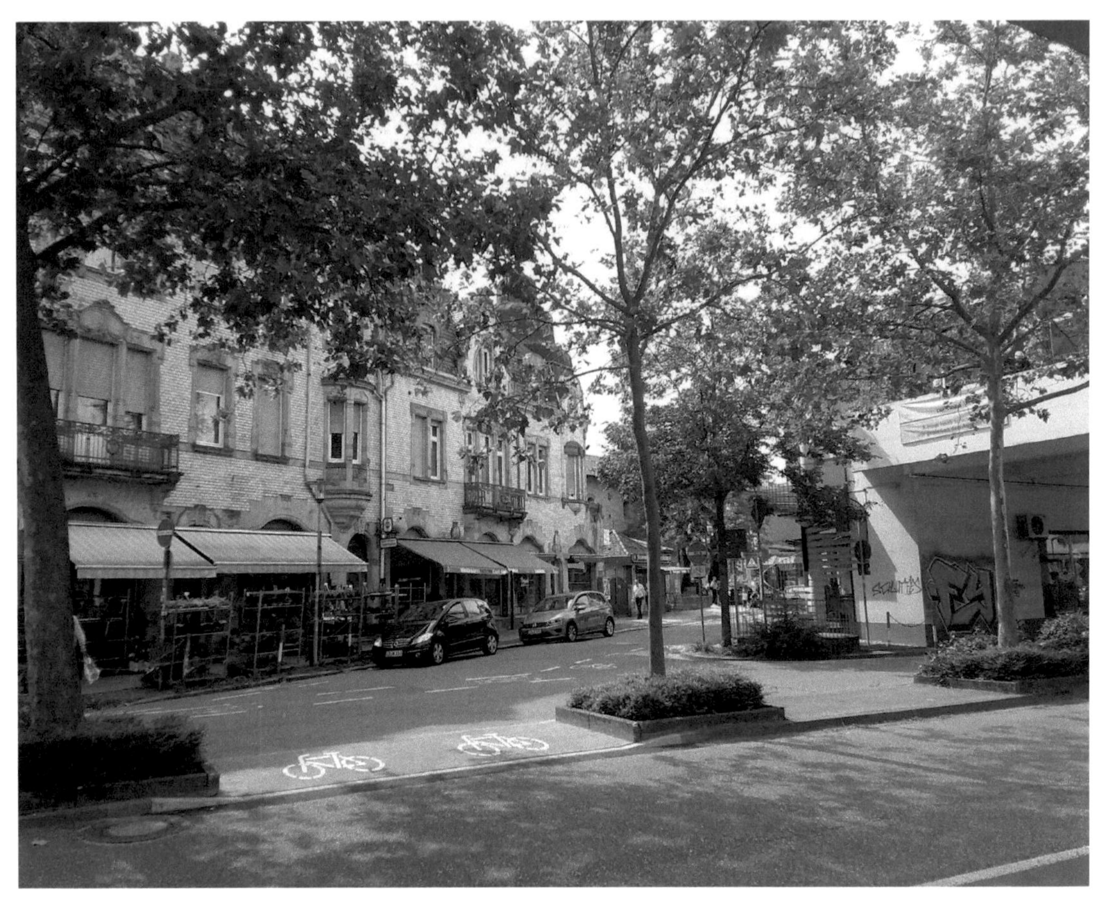

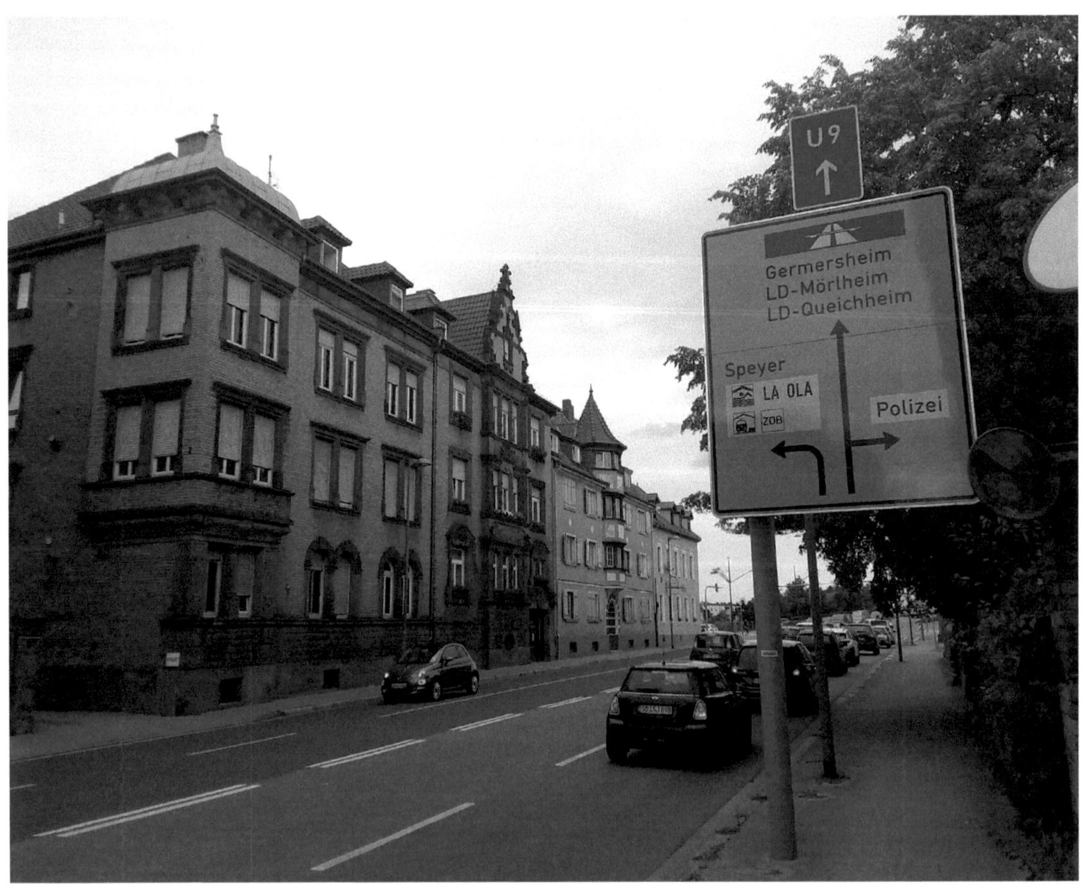

U9
Germersheim
LD-Mörlheim
LD-Queichheim
Speyer
LA OLA
ZOB
Polizei

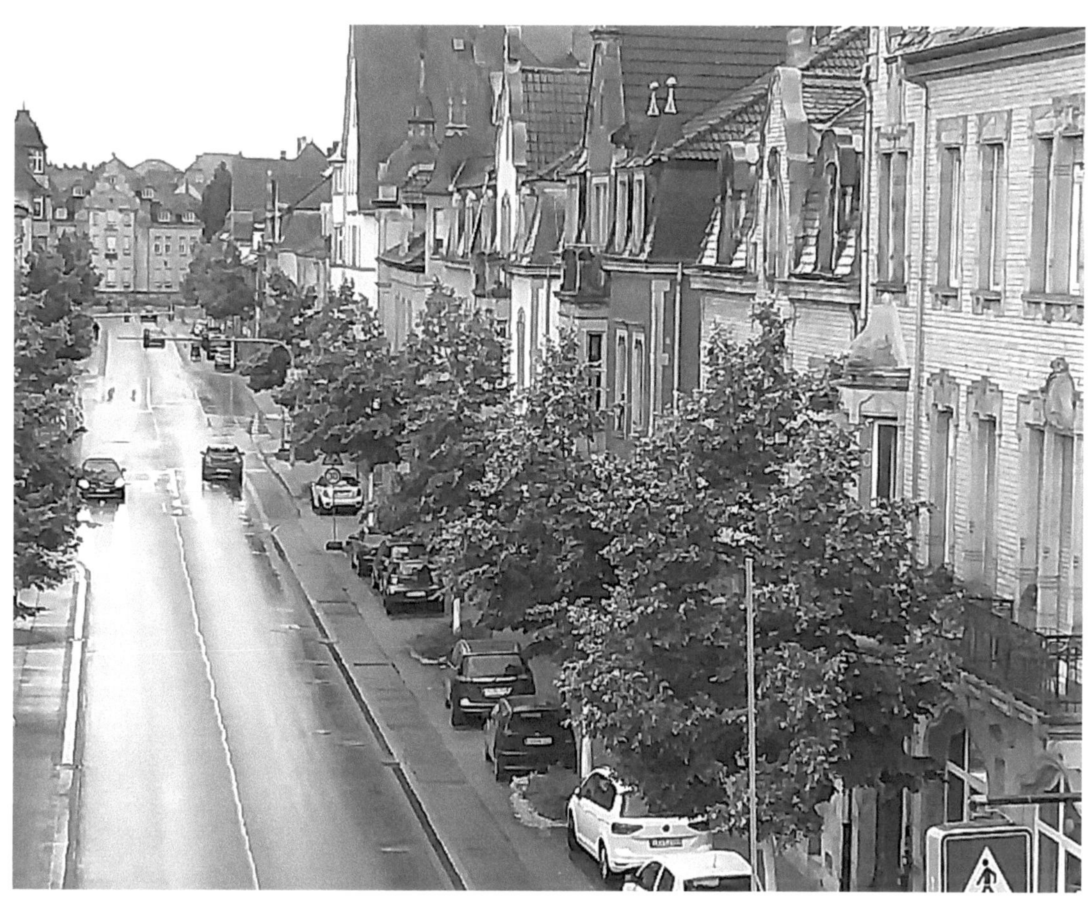

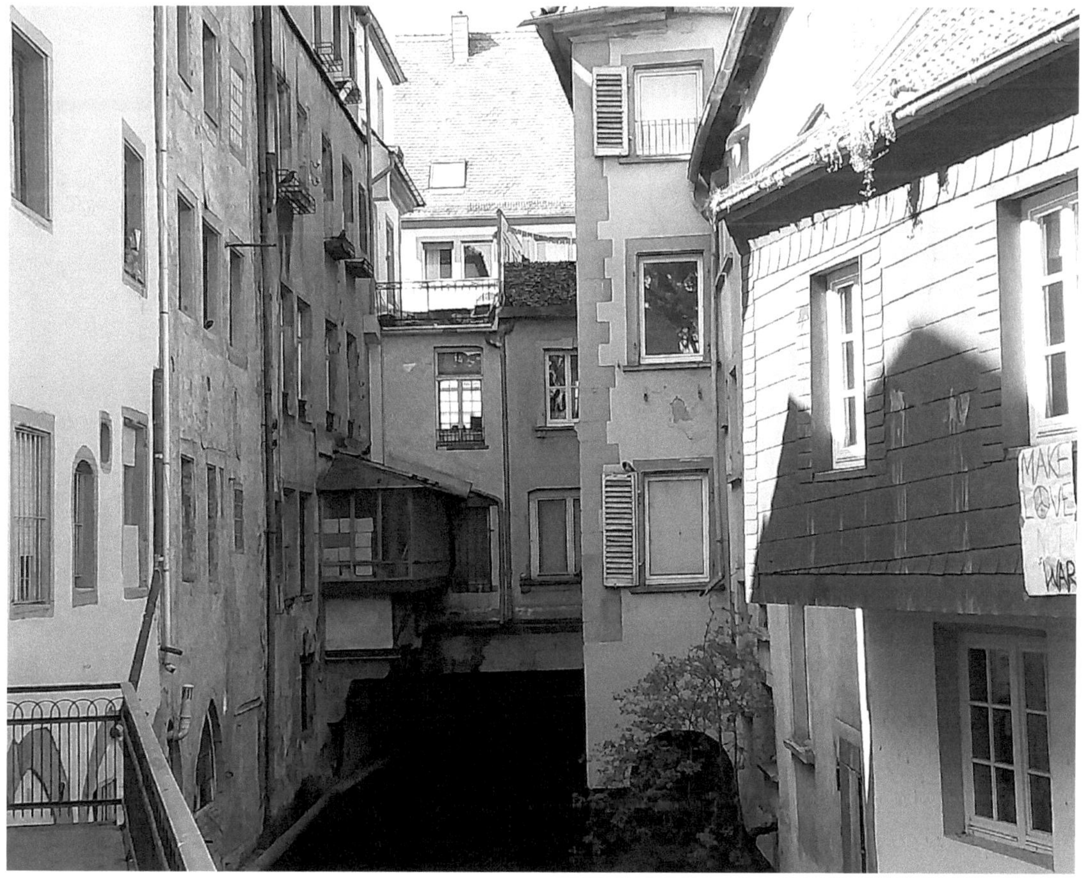

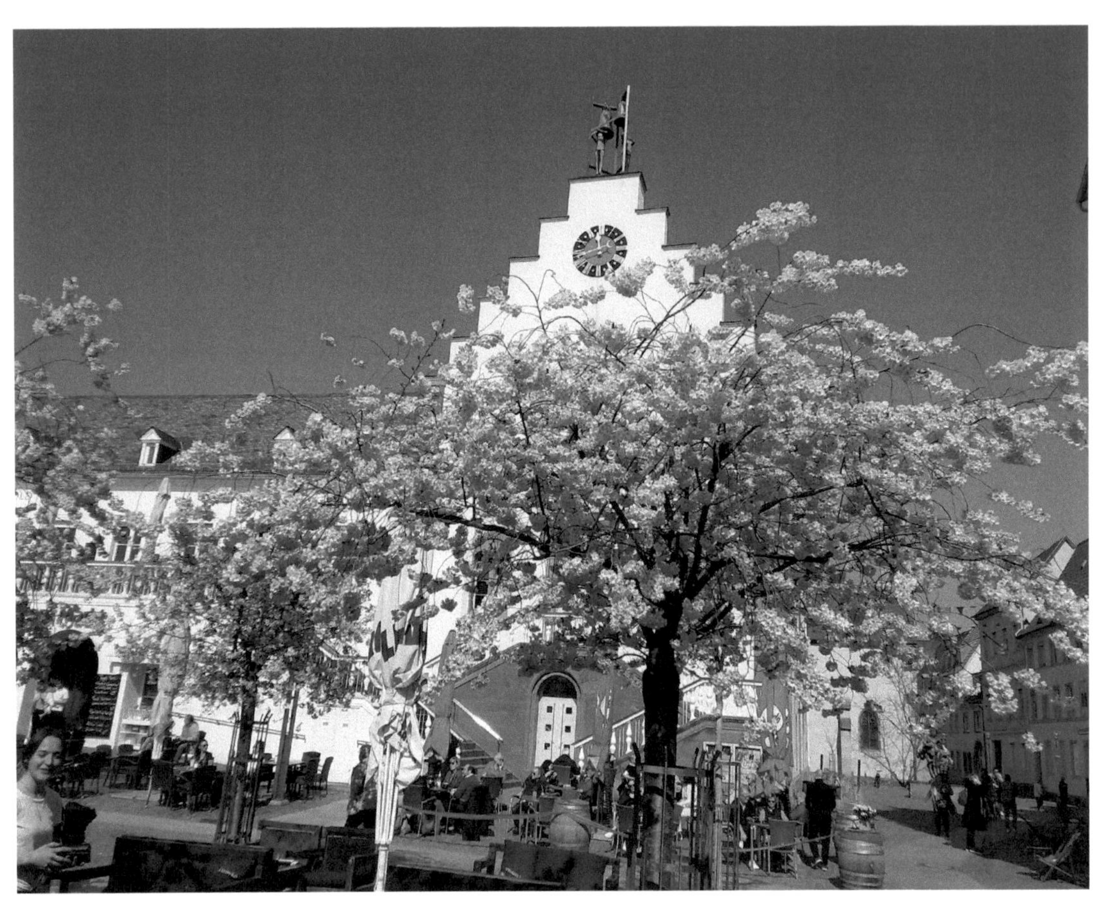

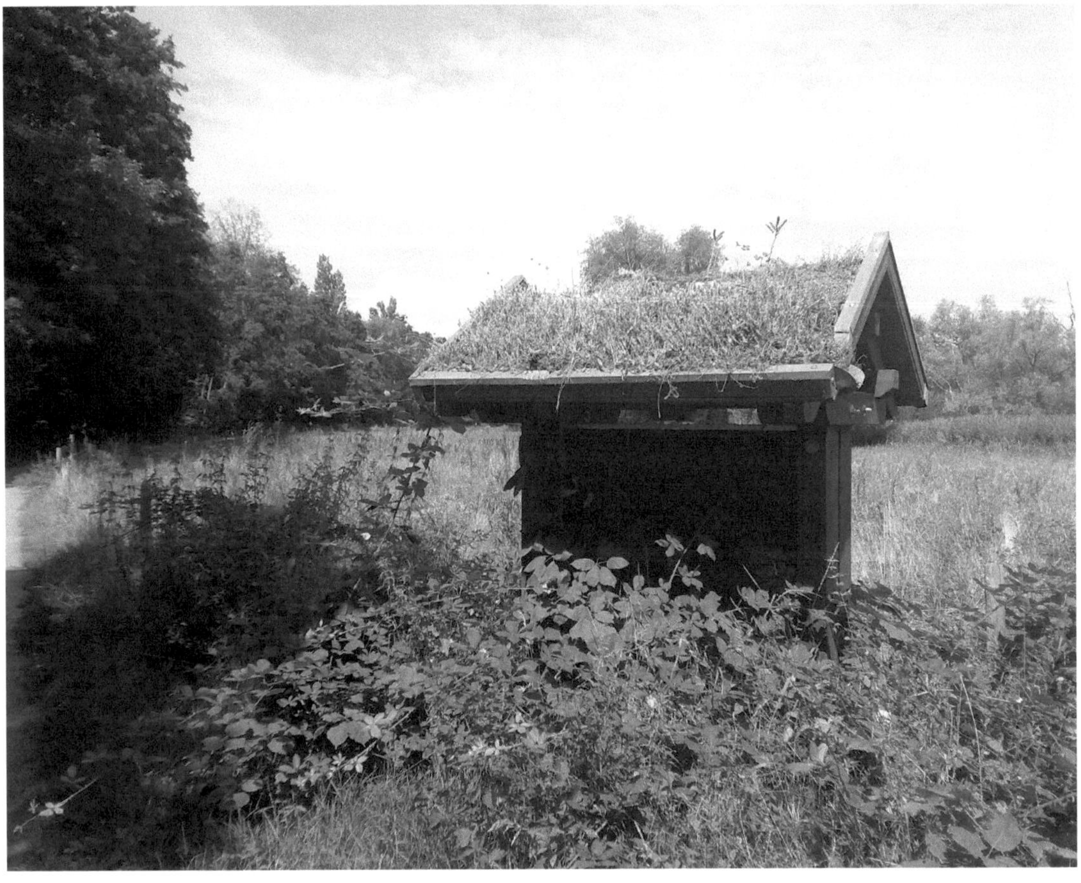

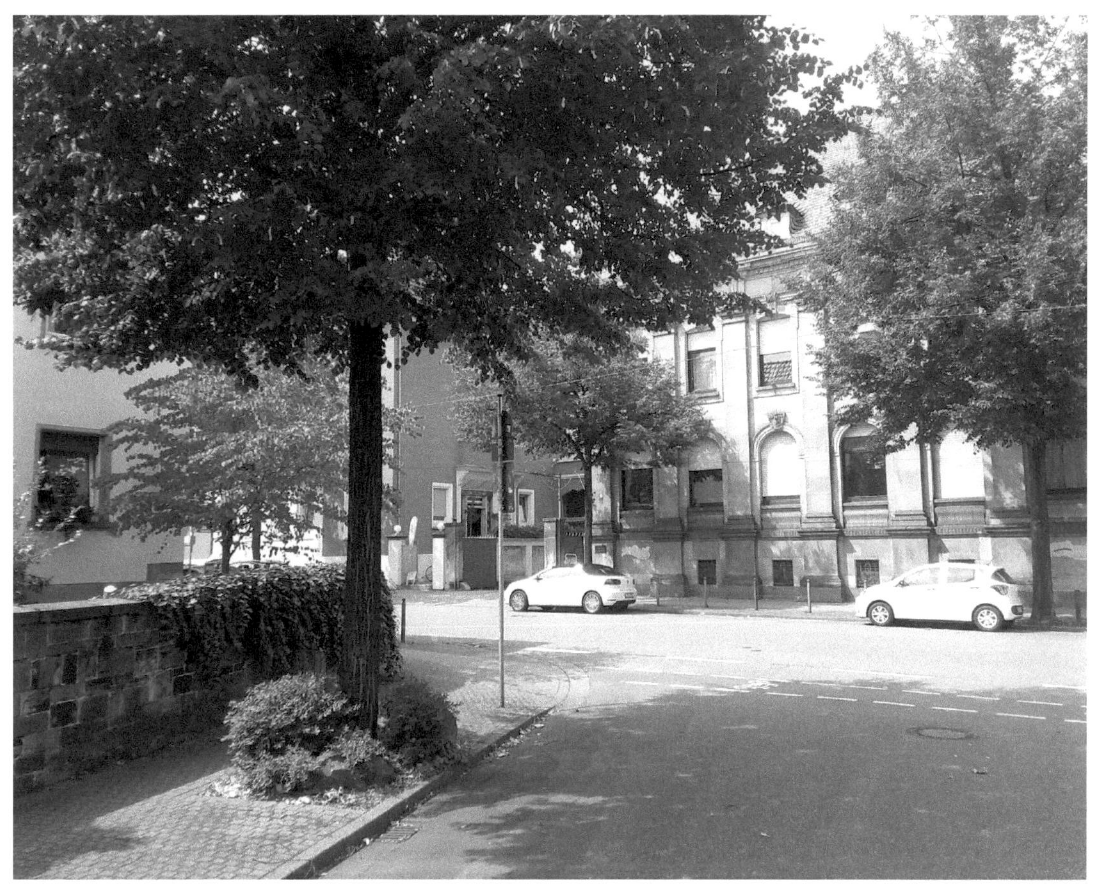

KAPITEL 7 - TV JUNKIE GERD STEINKOENIG

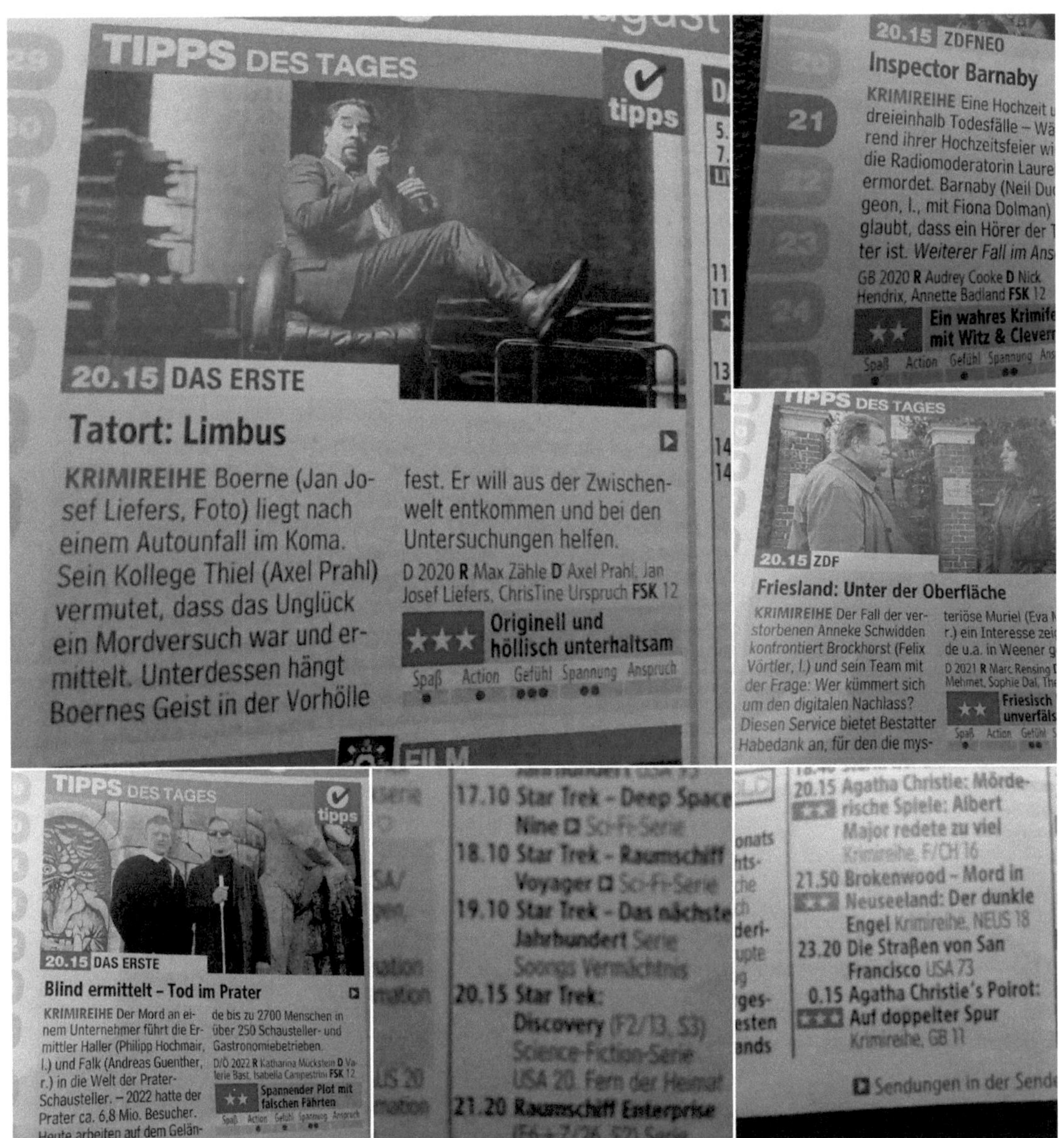

Tatort: Limbus

KRIMIREIHE Boerne (Jan Josef Liefers, Foto) liegt nach einem Autounfall im Koma. Sein Kollege Thiel (Axel Prahl) vermutet, dass das Unglück ein Mordversuch war und ermittelt. Unterdessen hängt Boernes Geist in der Vorhölle fest. Er will aus der Zwischenwelt entkommen und bei den Untersuchungen helfen.

D 2020 **R** Max Zähle **D** Axel Prahl, Jan Josef Liefers, ChrisTine Urspruch **FSK** 12

★★★ **Originell und höllisch unterhaltsam**

Spaß Action Gefühl Spannung Anspruch

Inspector Barnaby

KRIMIREIHE Eine Hochzeit u dreieinhalb Todesfälle – Wä rend ihrer Hochzeitsfeier wi die Radiomoderatorin Laure ermordet. Barnaby (Neil Dud geon, l., mit Fiona Dolman) glaubt, dass ein Hörer der T ter ist. *Weiterer Fall im Ans*

GB 2020 **R** Audrey Cooke **D** Nick Hendrix, Annette Badland **FSK** 12

★★ **Ein wahres Krimife mit Witz & Clever**

Spaß Action Gefühl Spannung Ans

Friesland: Unter der Oberfläche

KRIMIREIHE Der Fall der verstorbenen Anneke Schwidden konfrontiert Brockhorst (Felix Vörtler, l.) und sein Team mit der Frage: Wer kümmert sich um den digitalen Nachlass? Diesen Service bietet Bestatter Habedank an, für den die mysteriöse Muriel (Eva M r.) ein Interesse zei de u.a. in Weener g

D 2021 **R** Marc Rensing Mehmet, Sophie Dal, Th

★★ **Friesisch unverfäls**

Spaß Action Gefühl S

Blind ermittelt – Tod im Prater

KRIMIREIHE Der Mord an einem Unternehmer führt die Ermittler Haller (Philipp Hochmair, l.) und Falk (Andreas Guenther, r.) in die Welt der Prater-Schausteller. – 2022 hatte der Prater ca. 6,8 Mio. Besucher. Heute arbeiten auf dem Gelände bis zu 2700 Menschen in über 250 Schausteller- und Gastronomiebetrieben.

D/Ö 2022 **R** Katharina Mückstein **D** Valerie Bast, Isabella Campestrini **FSK** 12

★★ **Spannender Plot mit falschen Fährten**

Spaß Action Gefühl Spannung Anspruch

17.10 Star Trek – Deep Space Nine Sci-Fi-Serie

18.10 Star Trek – Raumschiff Voyager Sci-Fi-Serie

19.10 Star Trek – Das nächste Jahrhundert Serie Soongs Vermächtnis

20.15 Star Trek: Discovery (F2/13, S3) Science-Fiction-Serie USA 20. Fern der Heimat

21.20 Raumschiff Enterprise (F6+7/26, S2) Serie

20.15 Agatha Christie: Mörderische Spiele: Albert Major redete zu viel Krimireihe, F/CH 16

21.50 Brokenwood – Mord in Neuseeland: Der dunkle Engel Krimireihe, NEUS 18

23.20 Die Straßen von San Francisco USA 73

0.15 Agatha Christie's Poirot: Auf doppelter Spur Krimireihe, GB 11

Sendungen in der Sende

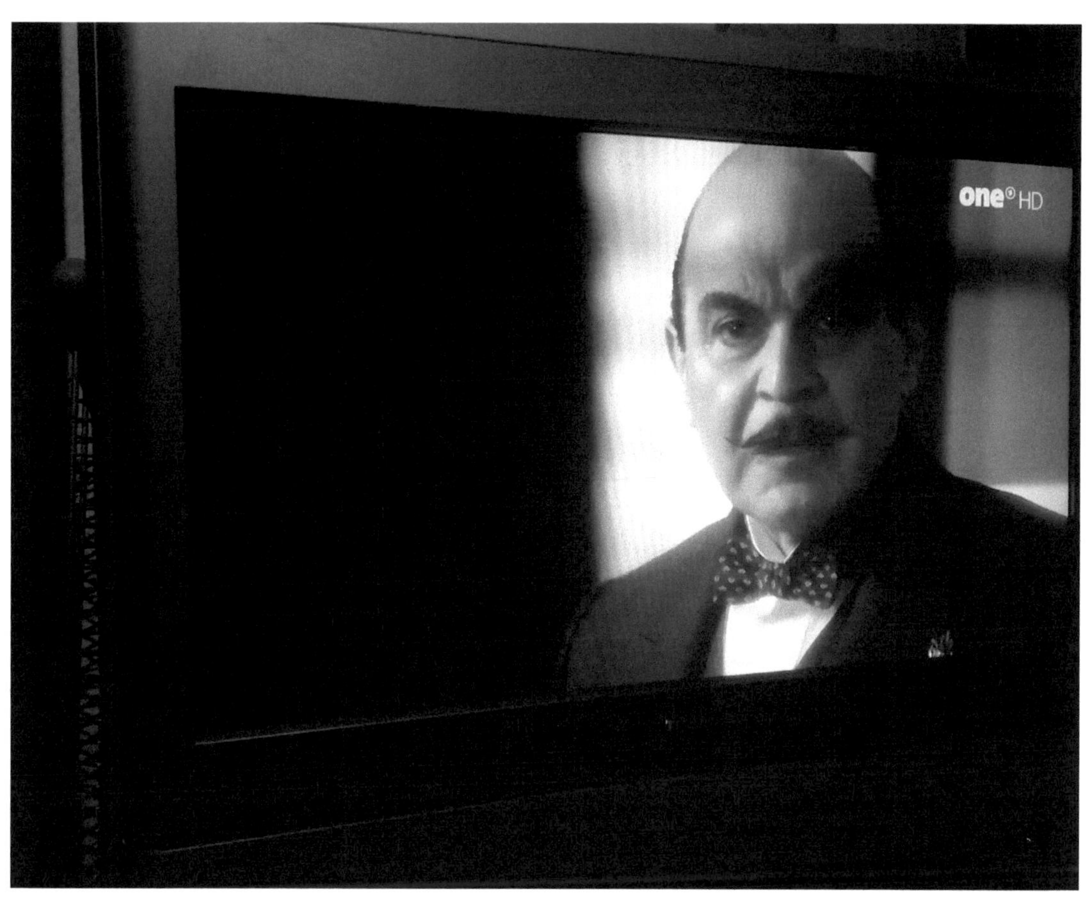
one® HD

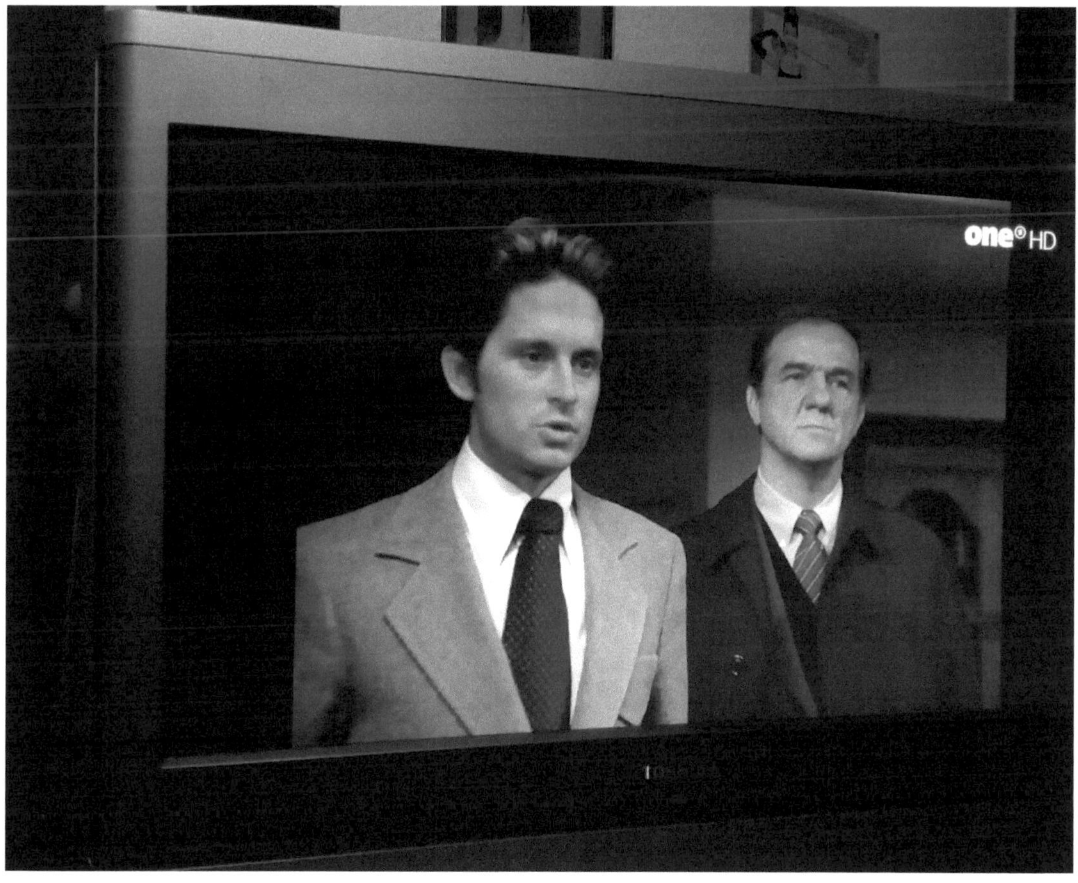
one® HD

KAPITEL 8 - SÜDLICHE WEINSTRAßE MIT ANNWEILER, LANDAU, BIRKWEILER, ALBERSWEILER, TARDIS LANDAU, WERNERSBERG ETC... PLUS SCHWEDELBACH...

Eine blaue Polizeikiste aus England?

Ja und nein! Hier steht ein Nachbau einer britischen Polizeinotrufzelle aus den 1960er Jahren. Diese Zelle stellt in der seit 1963 laufenden Science-Fiction Fernsehserie „Dr Who" eine fiktive Raum-Zeit-Maschine dar, die auch TARDIS genannt wird. TARDIS steht für **T**ime **A**nd **R**elative **D**imension(s) **I**n **S**pace (Zeit und relative Dimension(en) im Raum).

Das Innere einer TARDIS ist viel größer, als ihre äußere Erscheinung vermuten lässt. Mit Hilfe eines „Chamäleon-Schaltkreises", einer Art Tarnvorrichtung, kann sie sich durch Änderung ihrer äußeren Erscheinung – ähnlich einem Chamäleon – an ihre Umgebung anpassen. In der Serie steuert der Zeitreisende „der Doktor" ein unzuverlässiges, altmodisches Modell Typ 40 TARDIS, dessen Chamäleon-Schaltkreis seinen Dienst versagt hat und in der Tarneinstellung einer britischen Polizei-Zelle der 1960er Jahre stecken geblieben ist.

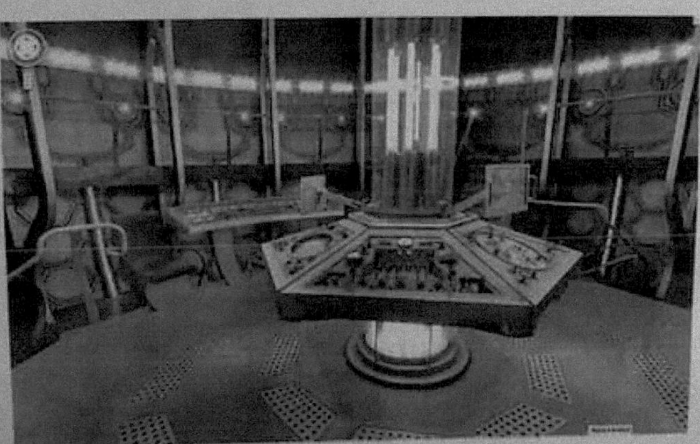

Die TARDIS in der Innenansicht

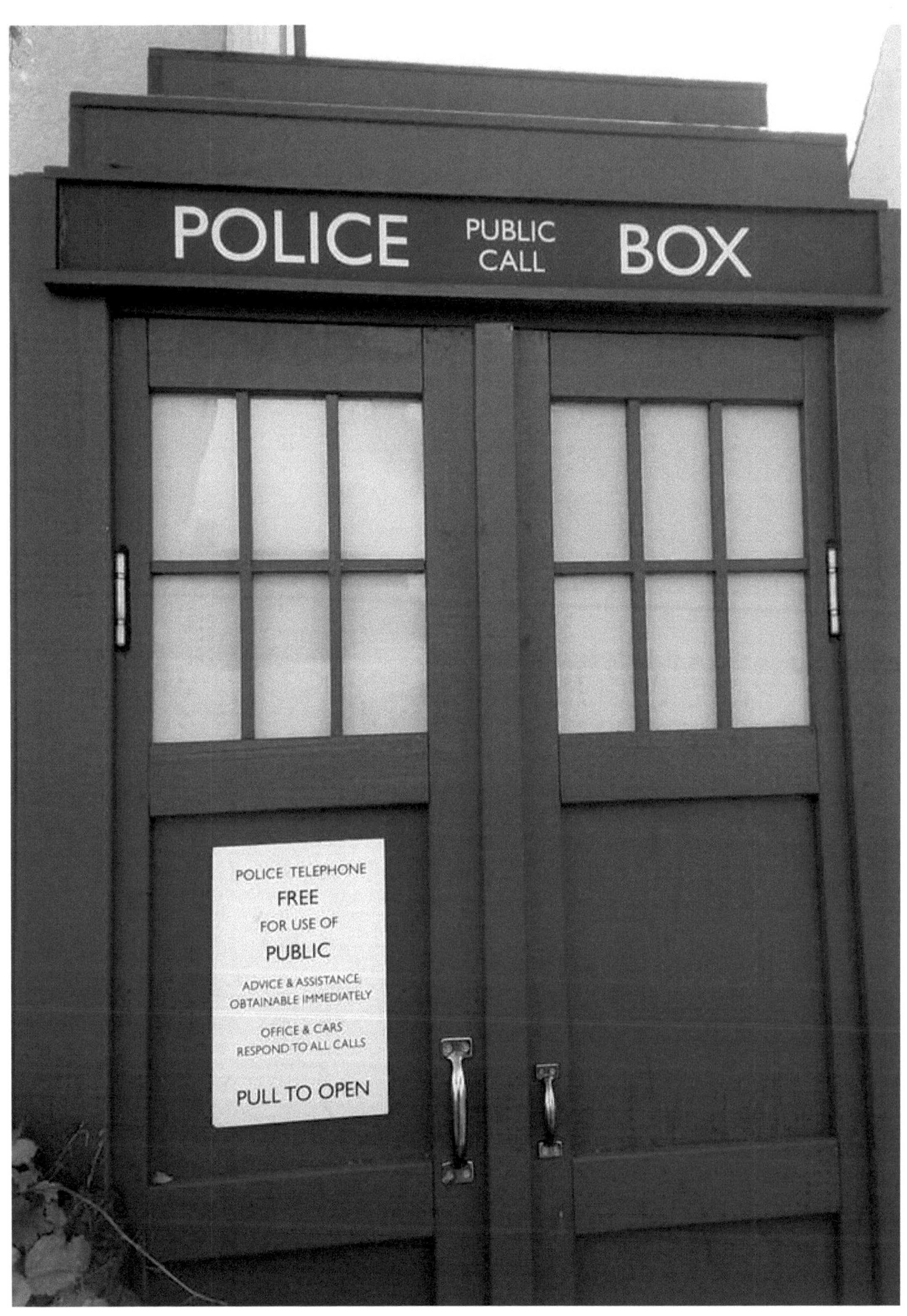
POLICE PUBLIC CALL BOX
POLICE TELEPHONE
FREE
FOR USE OF
PUBLIC
ADVICE & ASSISTANCE
OBTAINABLE IMMEDIATELY
OFFICE & CARS
RESPOND TO ALL CALLS
PULL TO OPEN

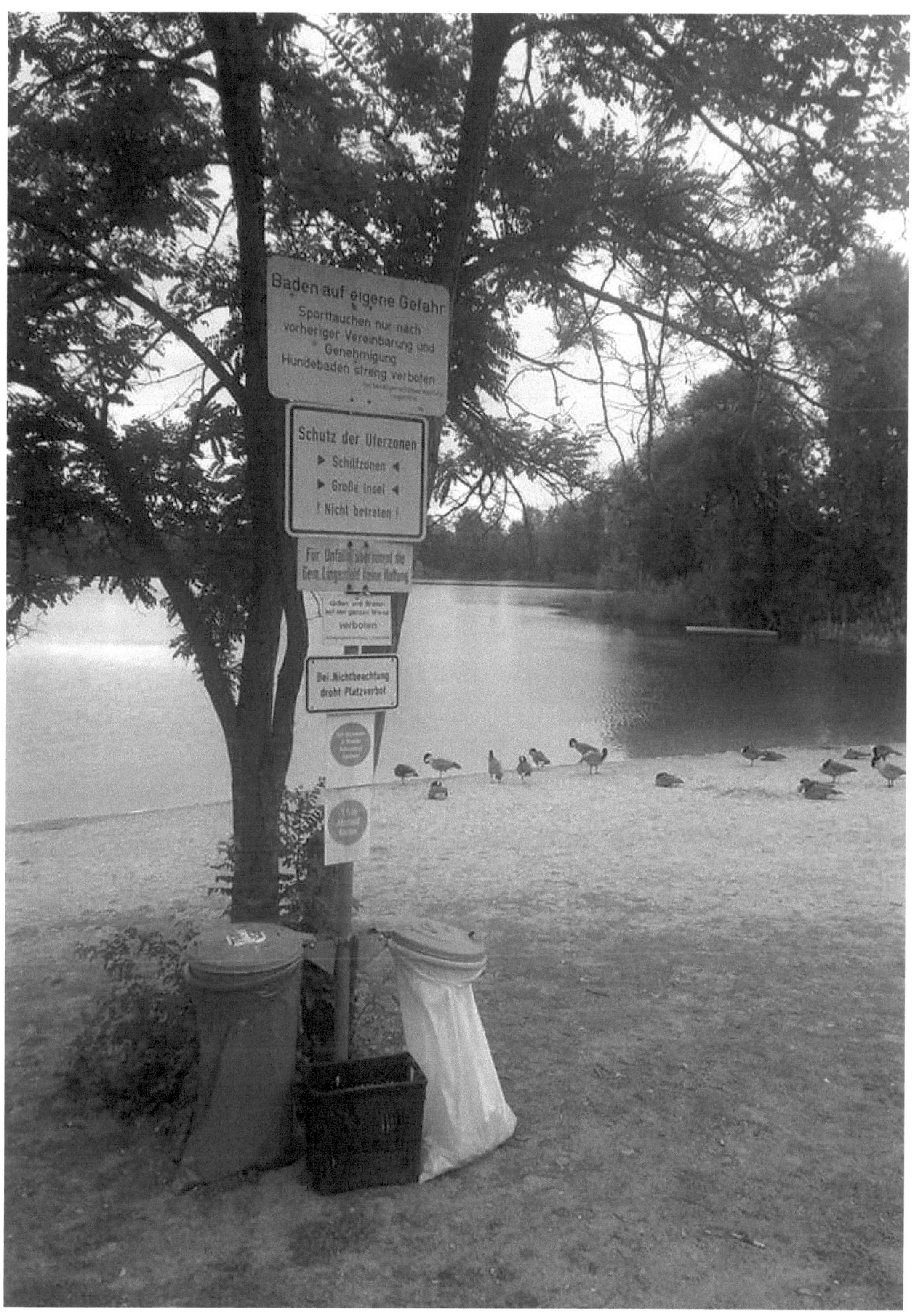

Baden auf eigene Gefahr
Sporttauchen nur nach
vorheriger Vereinbarung und
Genehmigung
Hundebaden streng verboten
Schutz der Uferzonen
► Schilfzonen ◄
► Große Insel ◄
! Nicht betreten !
Für Unfälle übernimmt die
Gem. Lingenfeld keine Haftung
Grillen und Braten
auf der ganzen Wiese
verboten
Bei Nichtbeachtung
droht Platzverbot

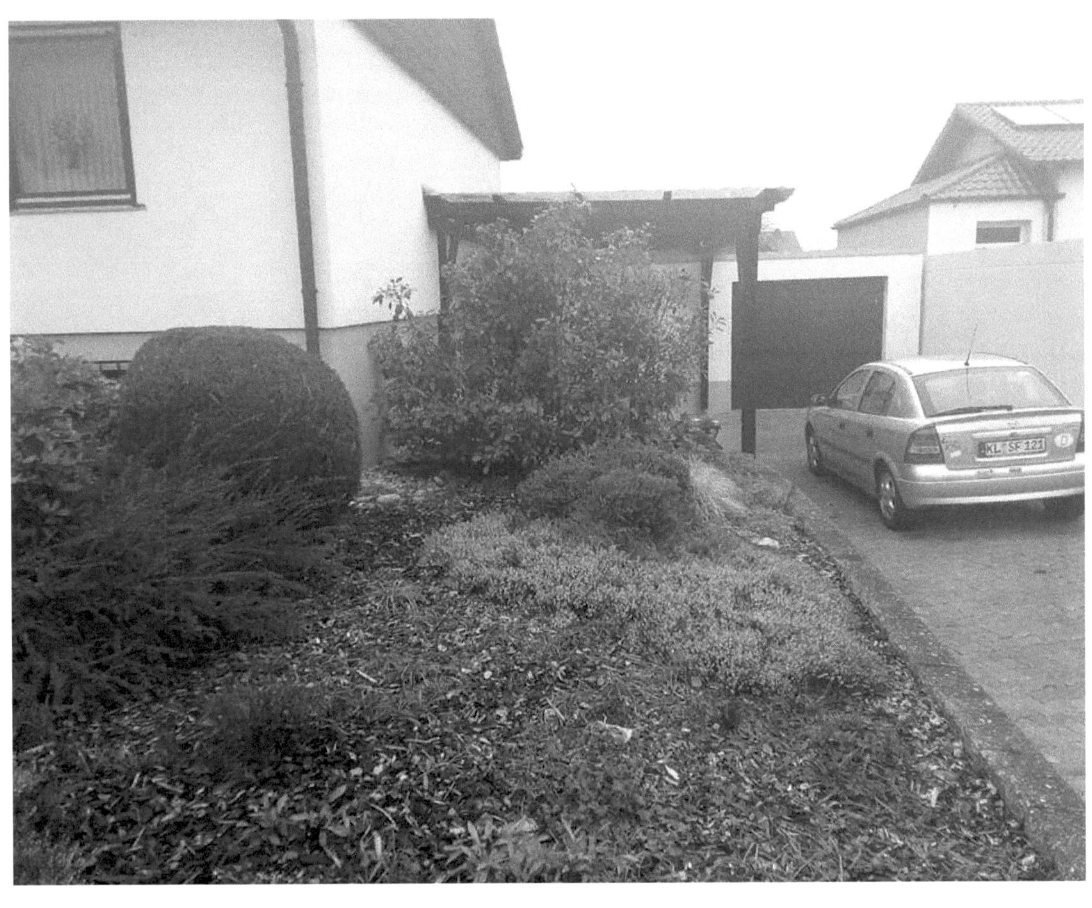

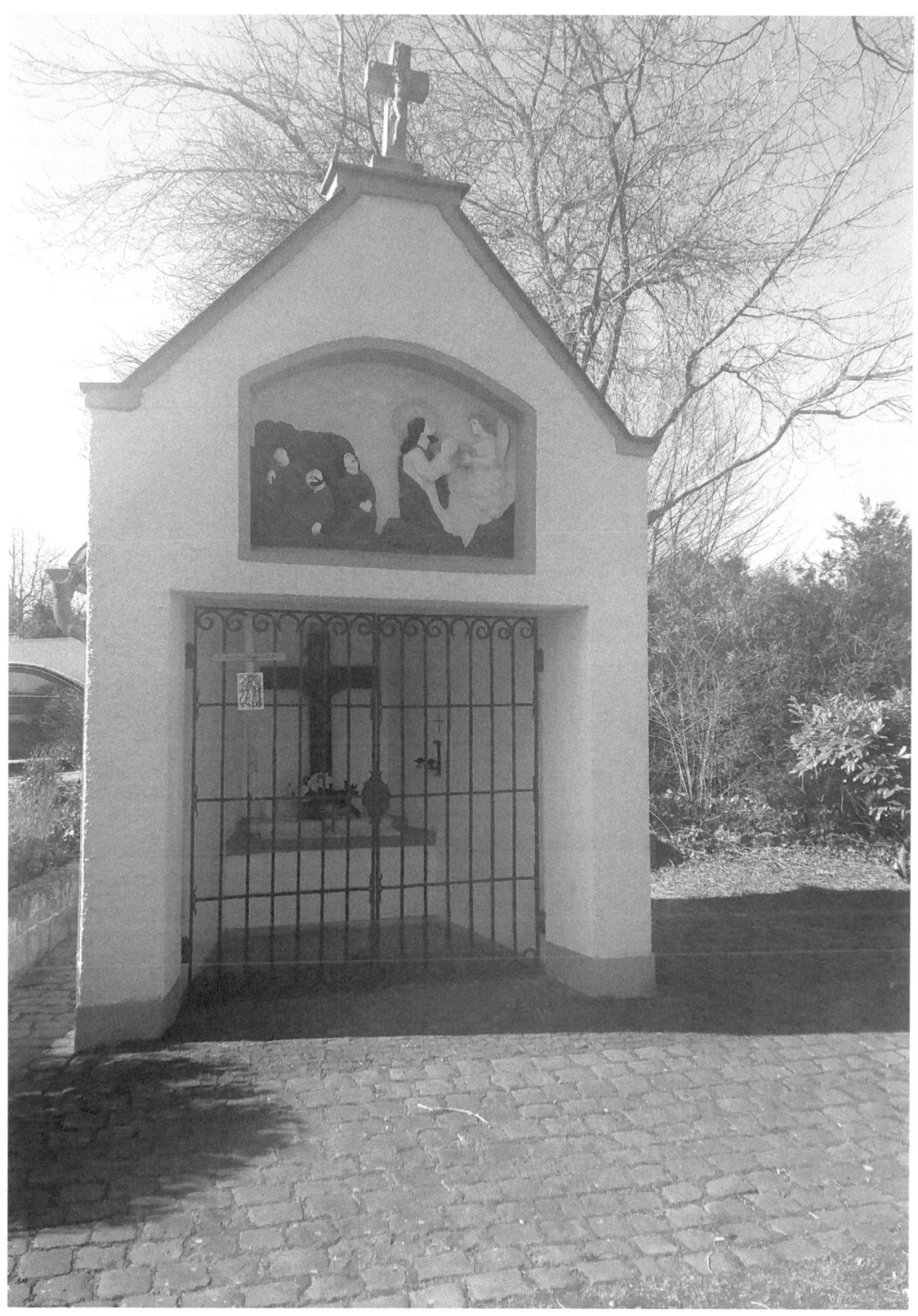

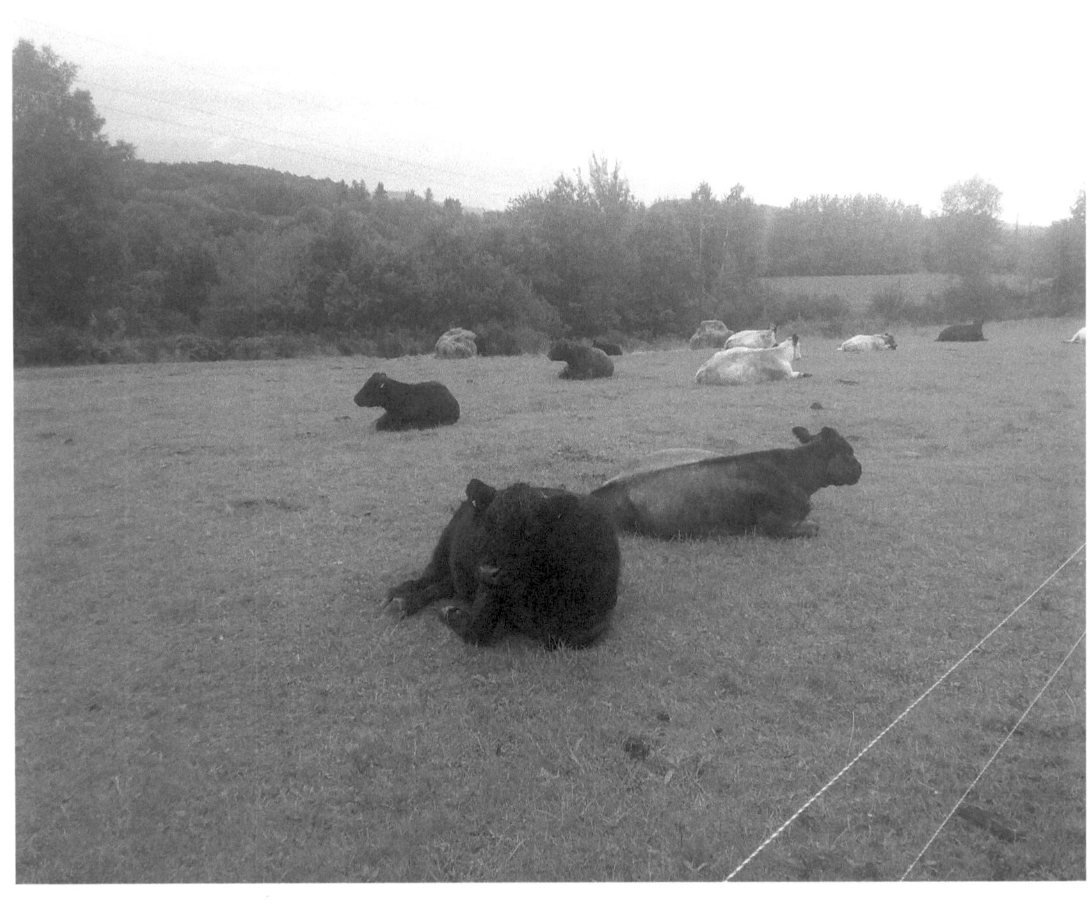

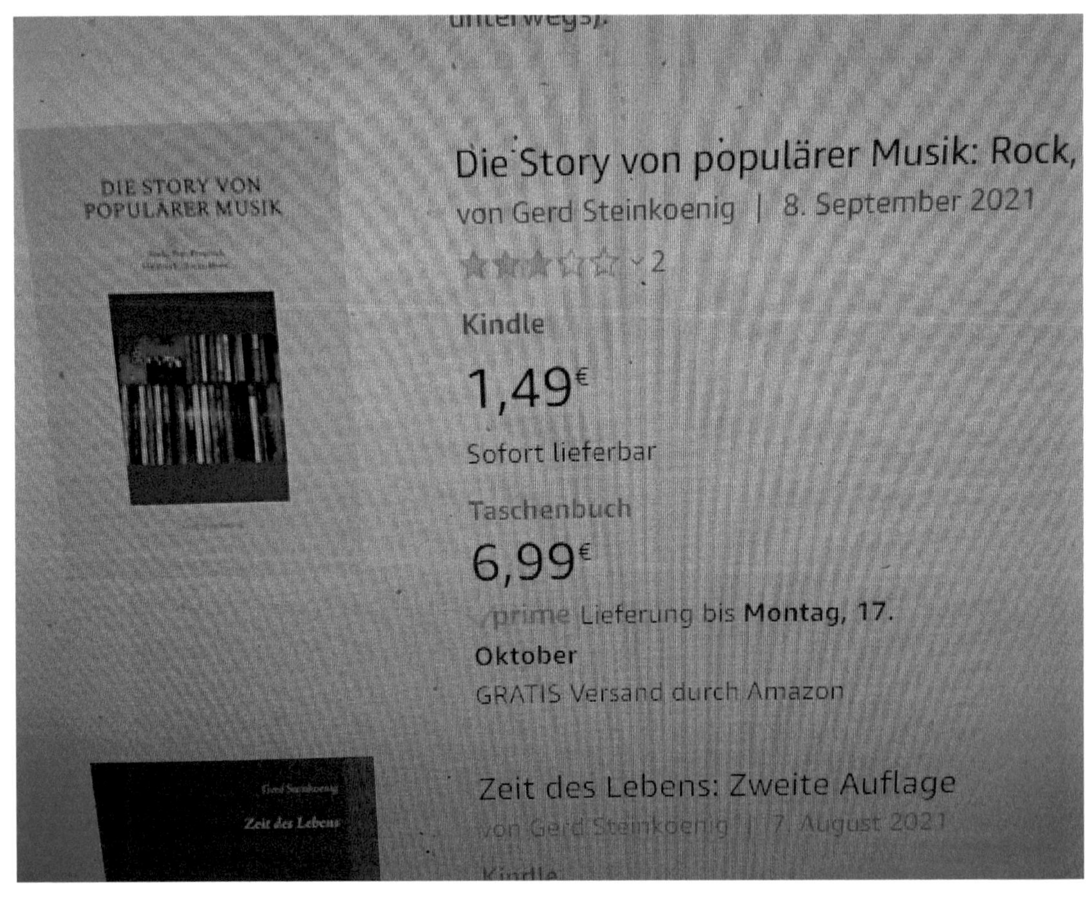
unterwegs).
DIE STORY VON
POPULÄRER MUSIK
Die Story von populärer Musik: Rock,
von Gerd Steinkoenig | 8. September 2021
2
Kindle
1,49€
Sofort lieferbar
Taschenbuch
6,99€
prime Lieferung bis Montag, 17.
Oktober
GRATIS Versand durch Amazon
Zeit des Lebens: Zweite Auflage
von Gerd Steinkoenig | 7. August 2021
Kindle

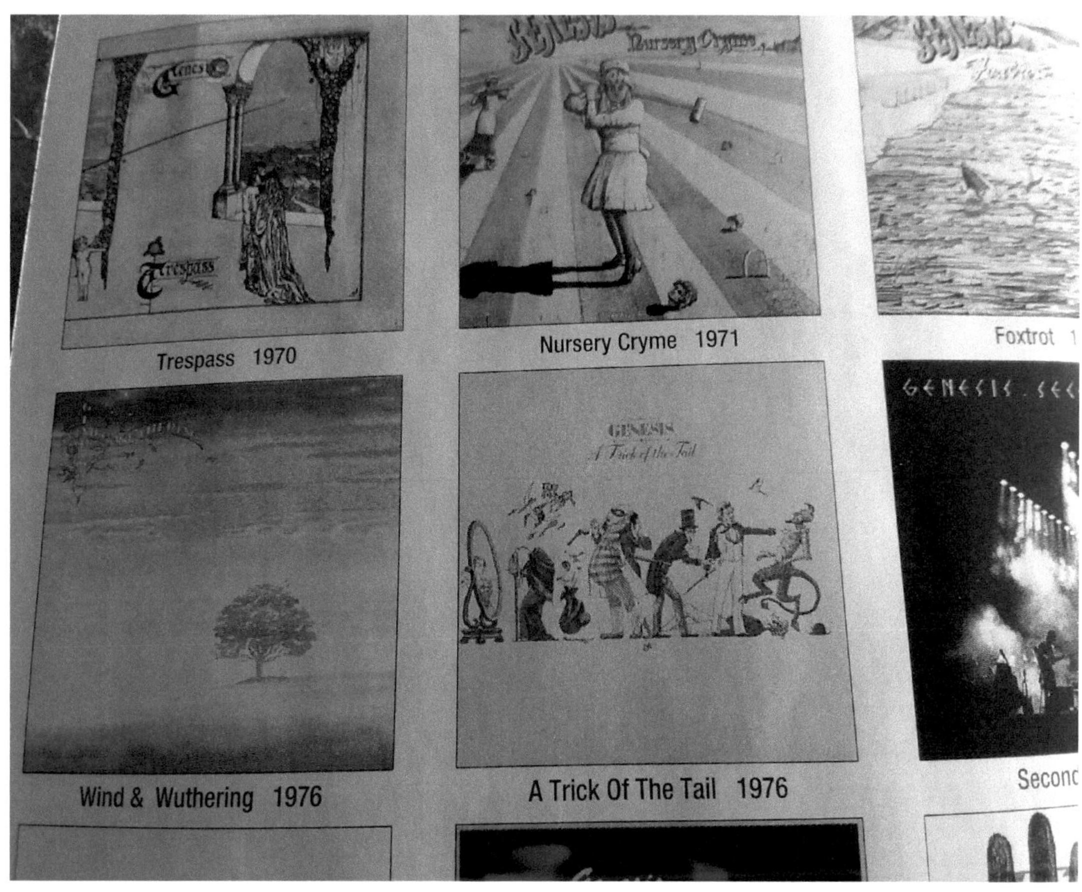

Trespass 1970
Nursery Cryme 1971
Foxtrot
Wind & Wuthering 1976
A Trick Of The Tail 1976
Second

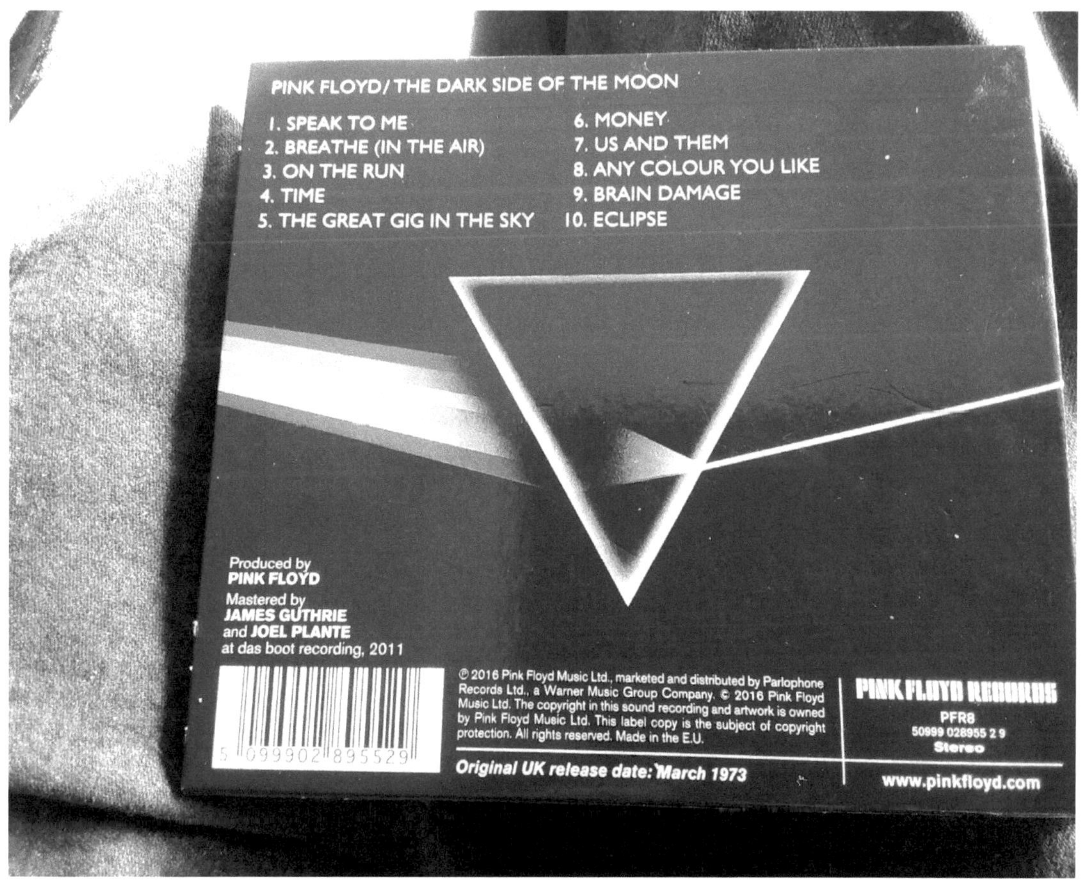

PINK FLOYD/ THE DARK SIDE OF THE MOON
1. SPEAK TO ME
2. BREATHE (IN THE AIR)
3. ON THE RUN
4. TIME
5. THE GREAT GIG IN THE SKY
6. MONEY
7. US AND THEM
8. ANY COLOUR YOU LIKE
9. BRAIN DAMAGE
10. ECLIPSE
Produced by
PINK FLOYD
Mastered by
JAMES GUTHRIE
and JOEL PLANTE
at das boot recording, 2011
℗ 2016 Pink Floyd Music Ltd., marketed and distributed by Parlophone
Records Ltd., a Warner Music Group Company. © 2016 Pink Floyd
Music Ltd. The copyright in this sound recording and artwork is owned
by Pink Floyd Music Ltd. This label copy is the subject of copyright
protection. All rights reserved. Made in the E.U.
Original UK release date: March 1973
PINK FLOYD RECORDS
PFR8
50999 028955 2 9
Stereo
www.pinkfloyd.com

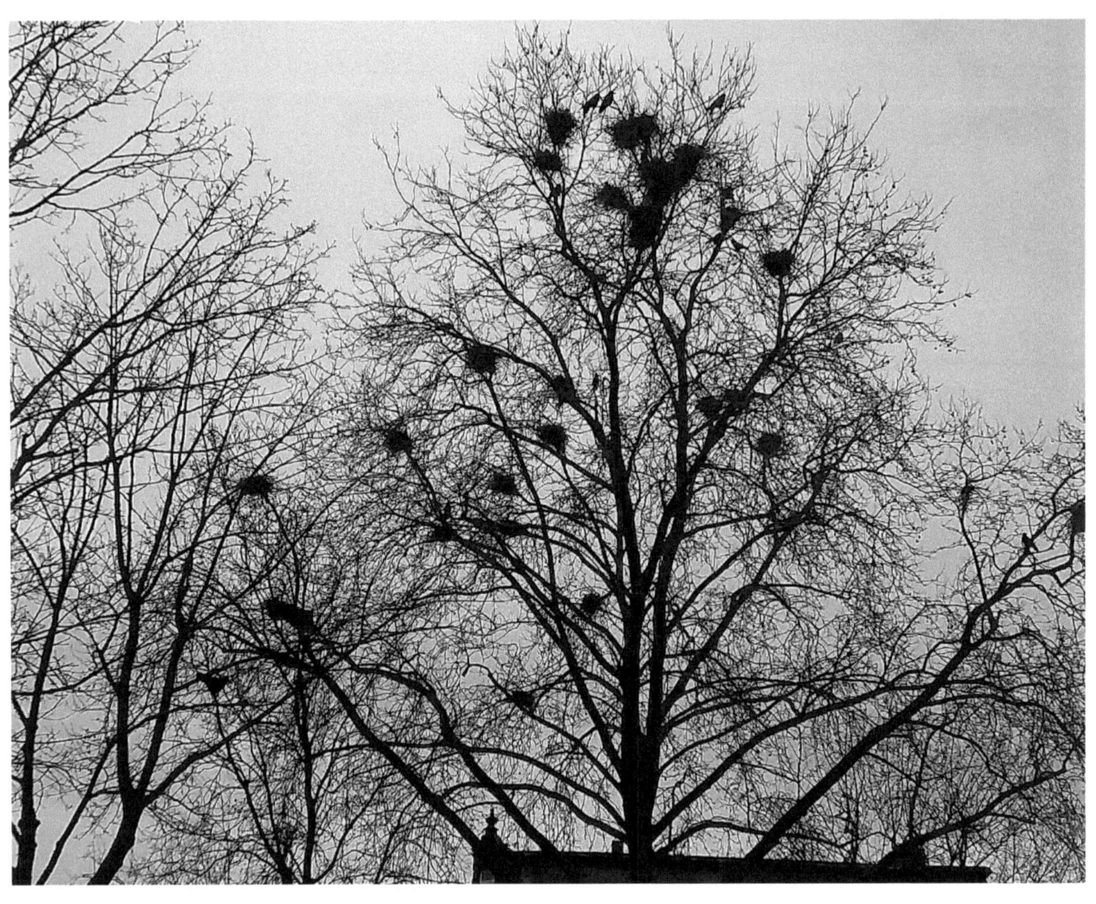

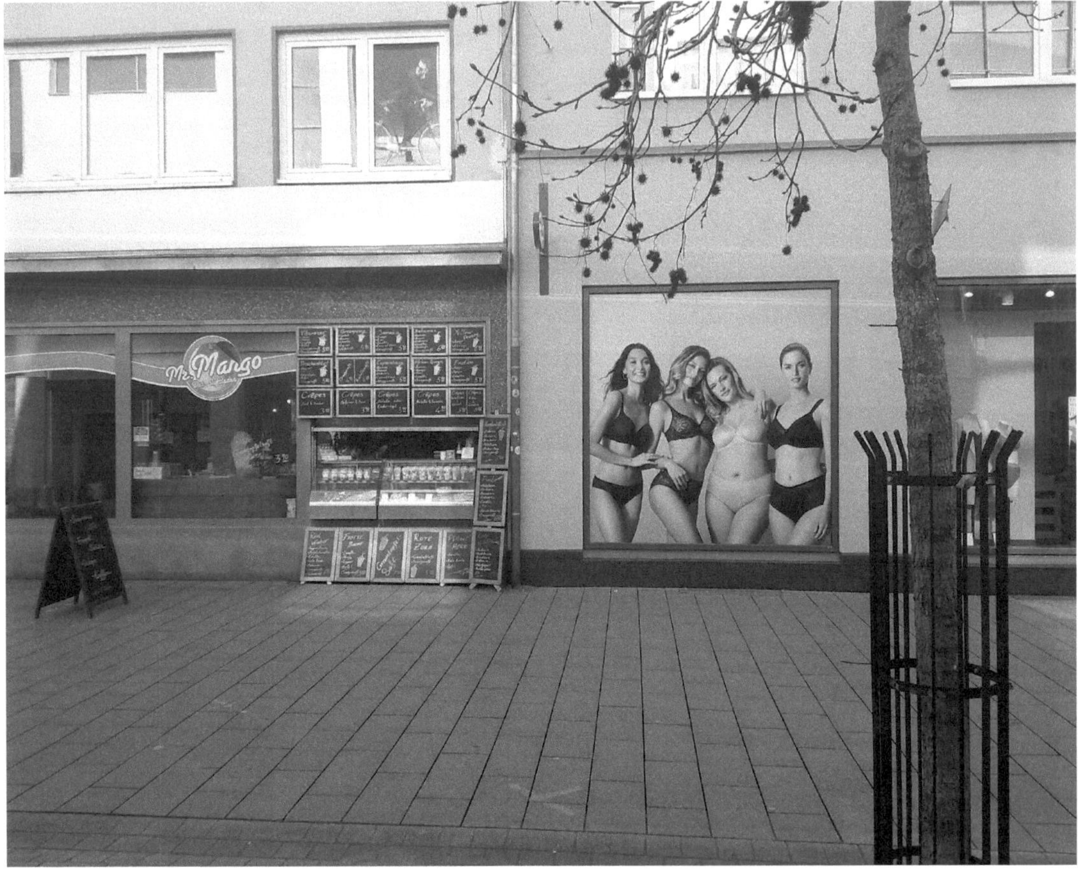
The Mango

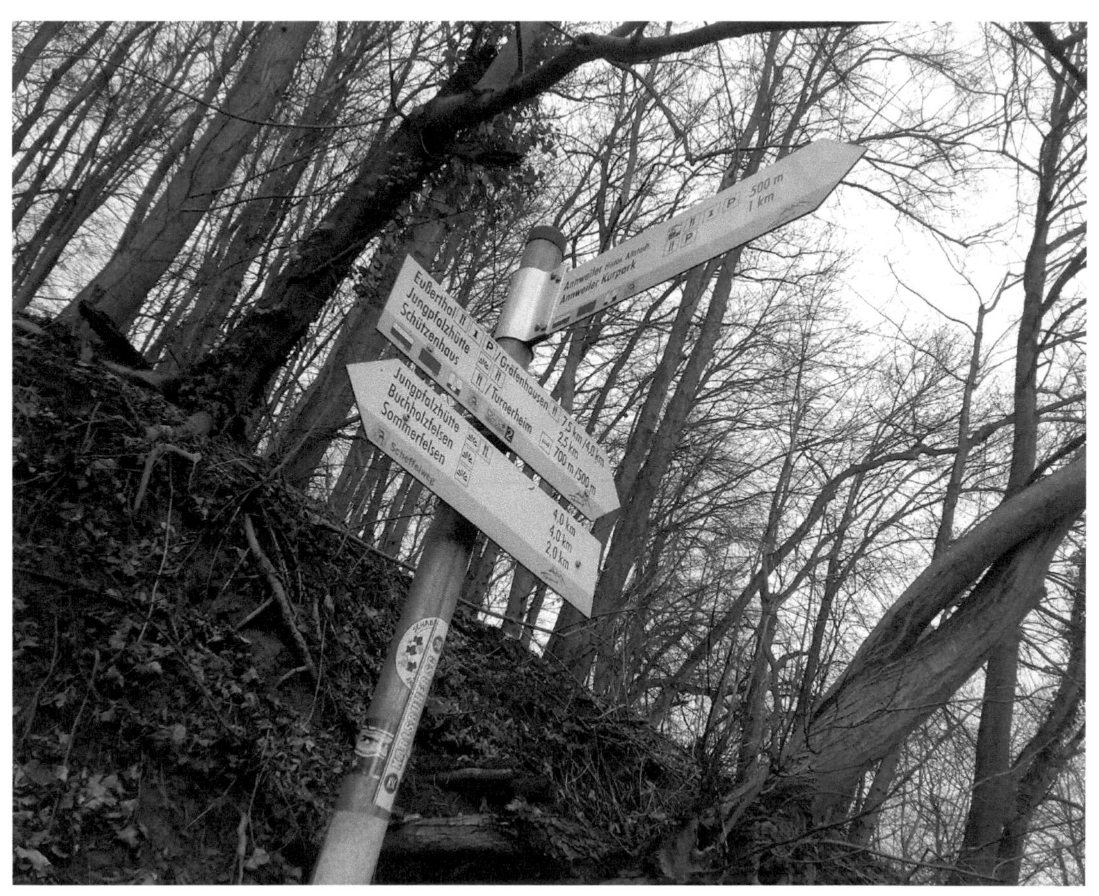

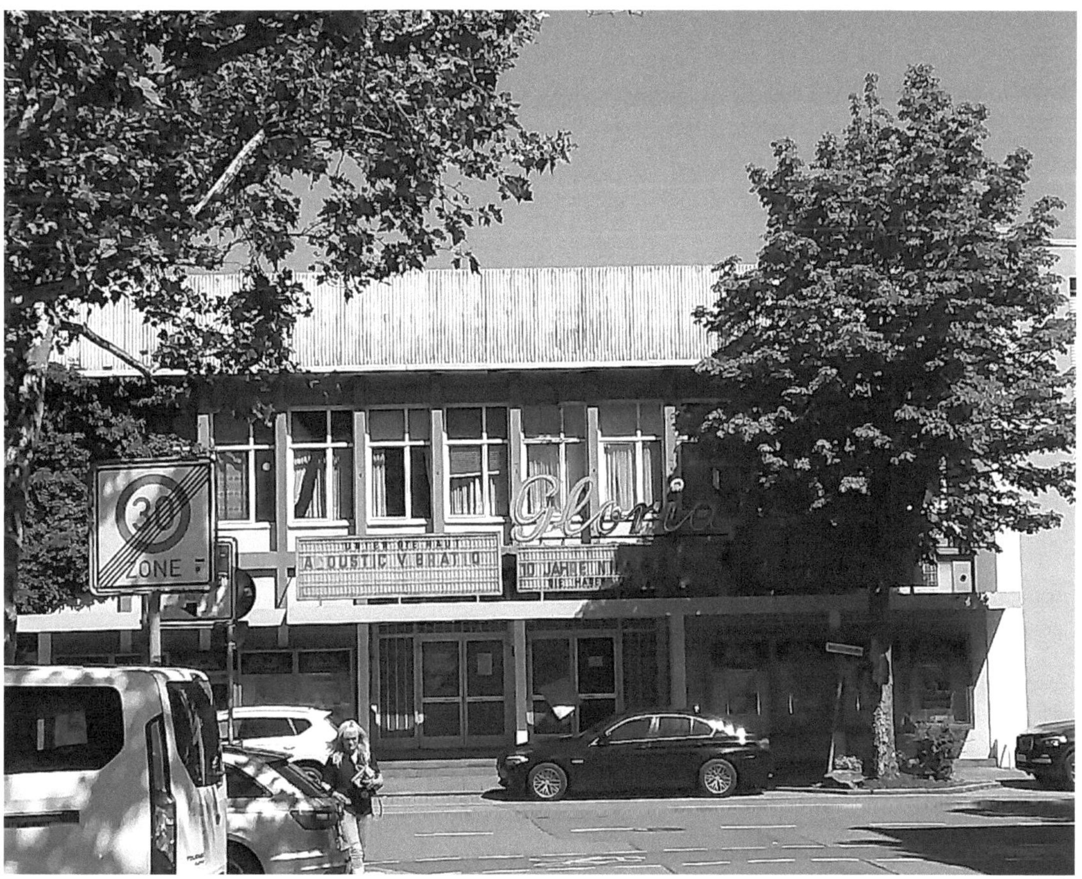
Gloria
ZONE
30

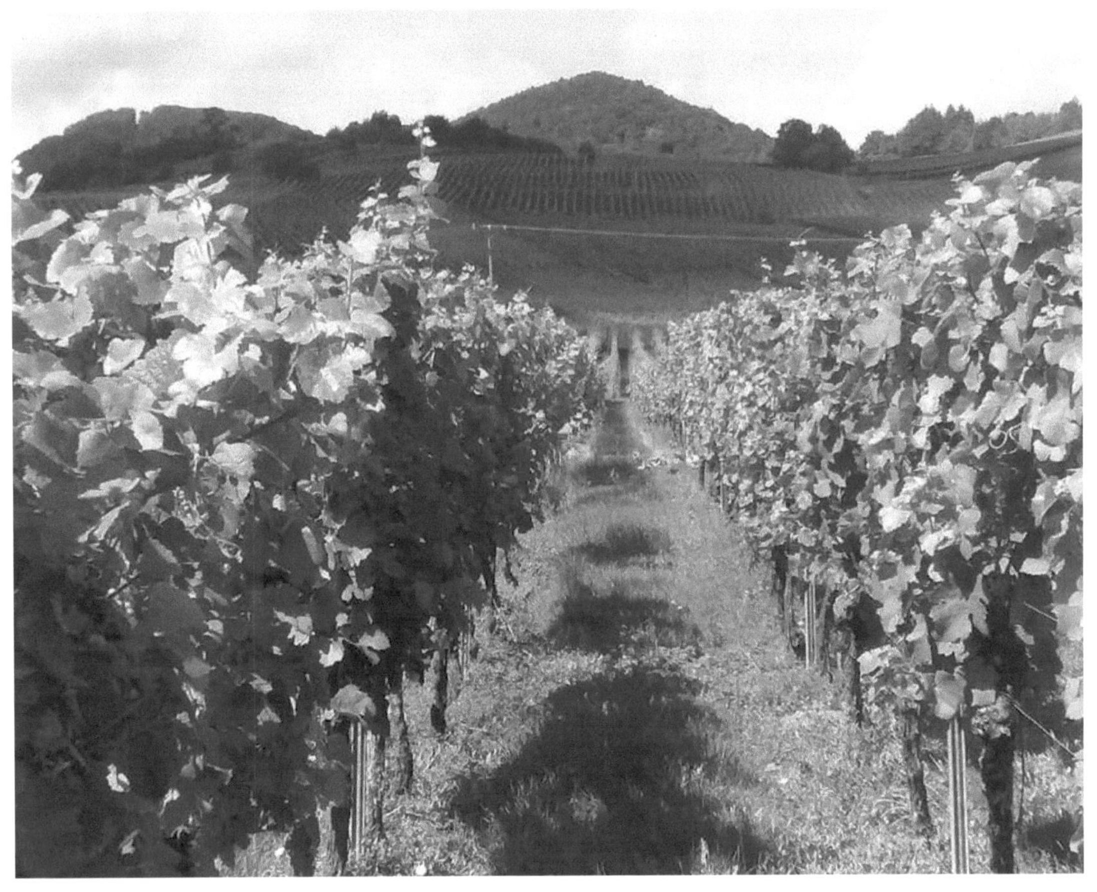

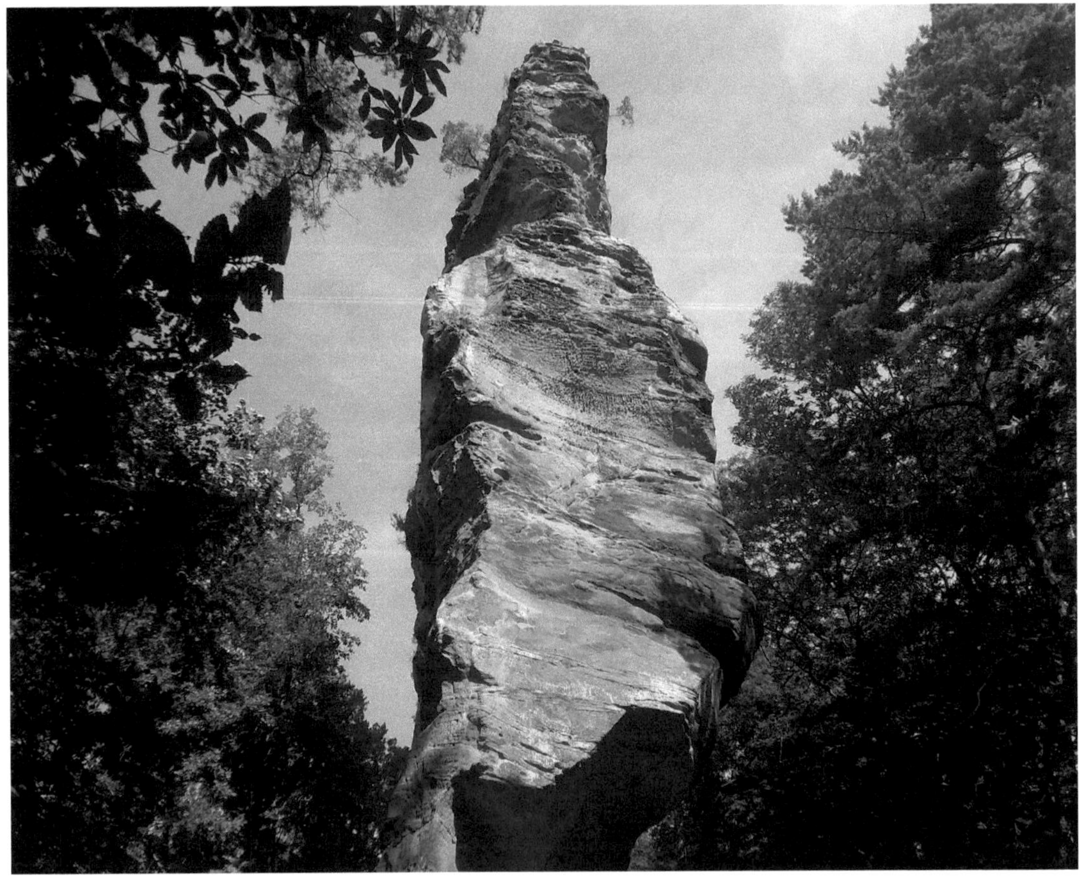

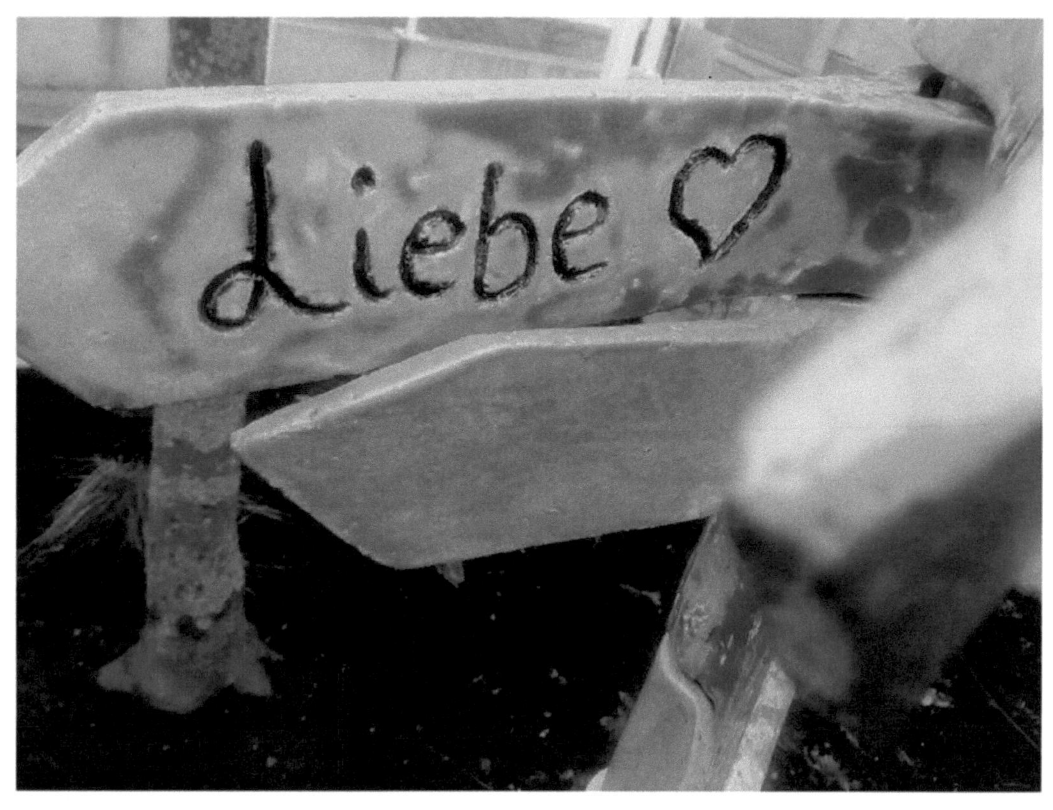

Liebe ♡

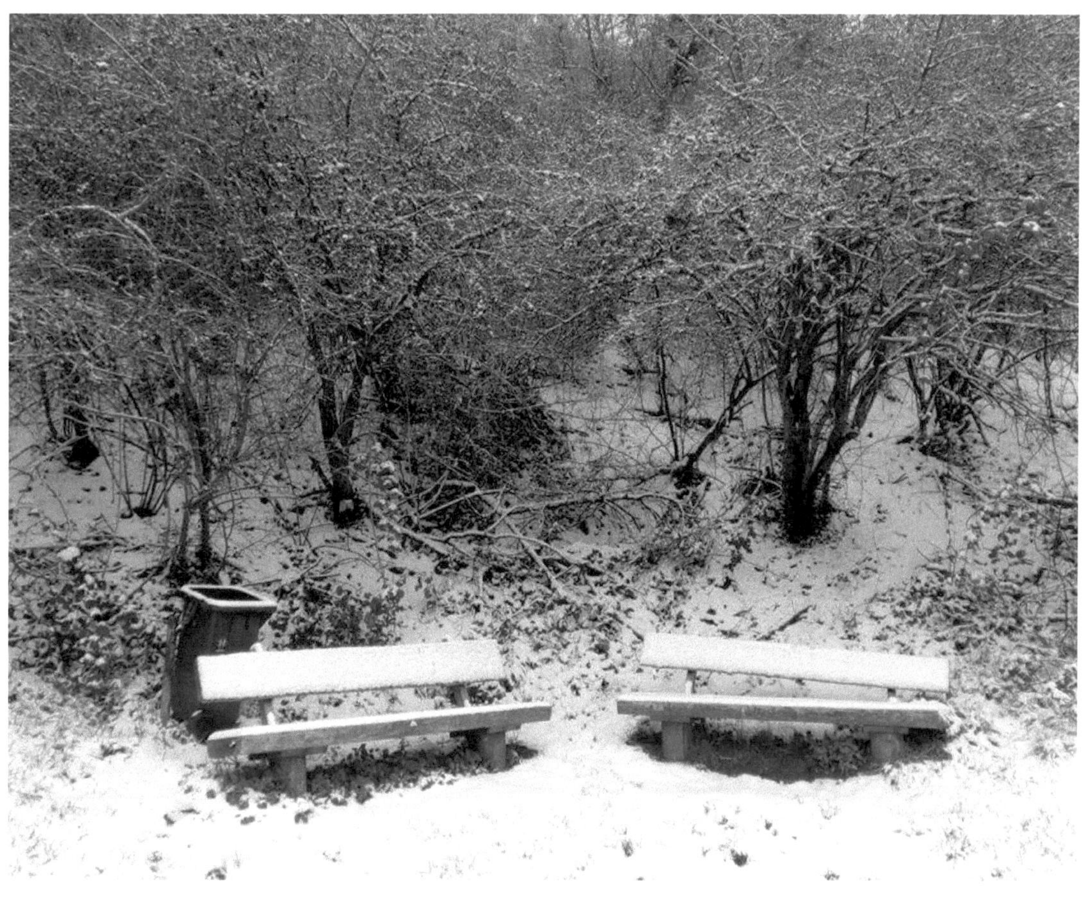

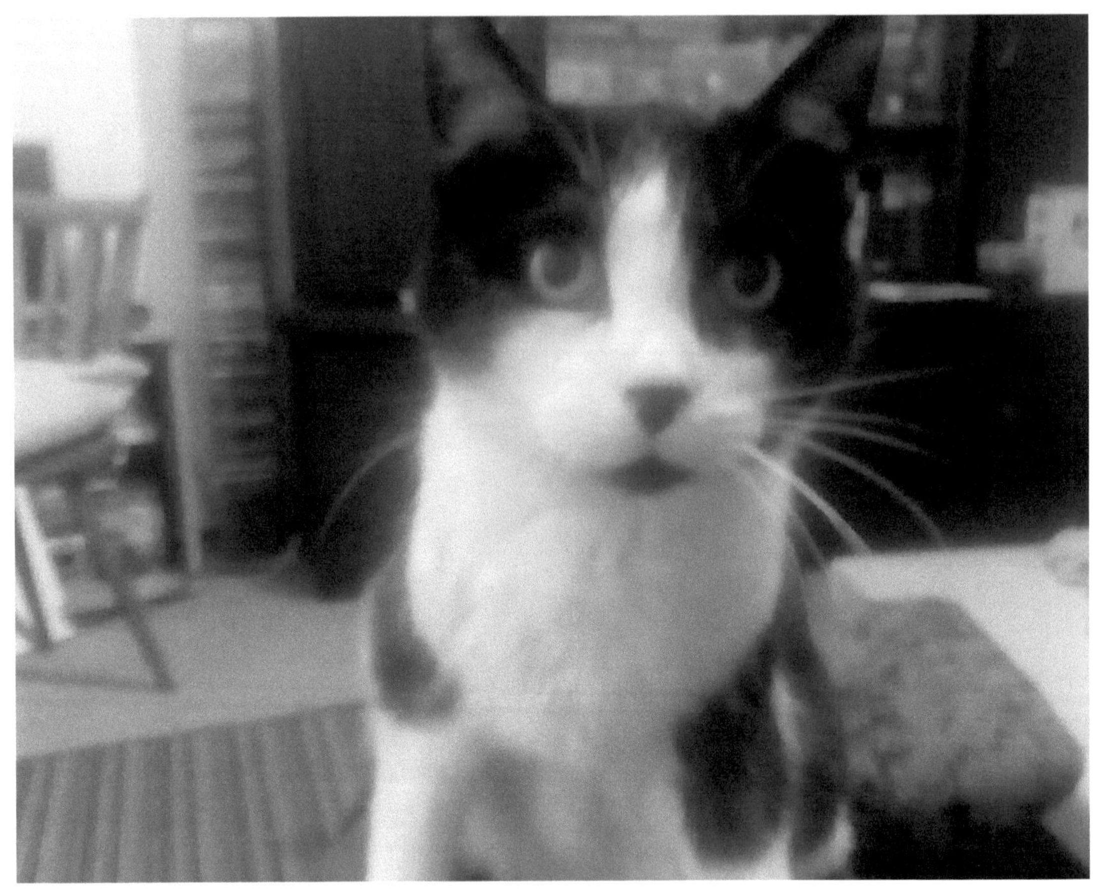

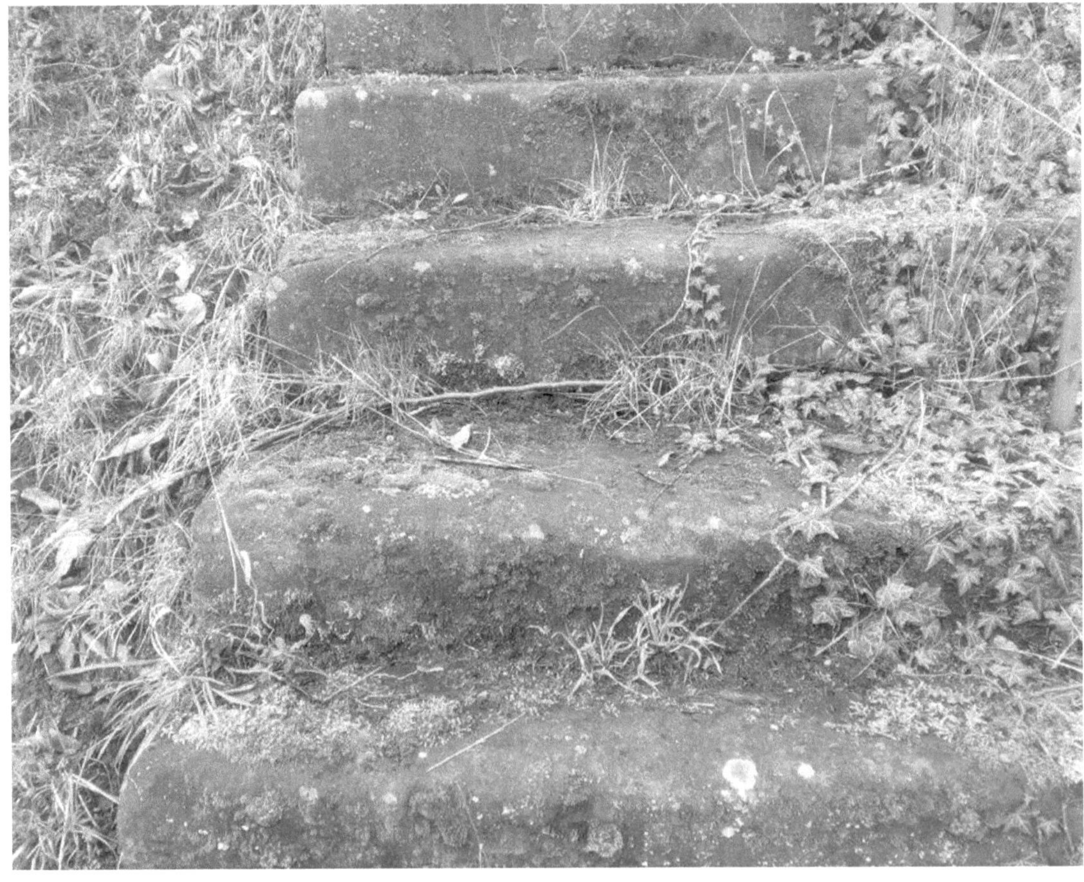

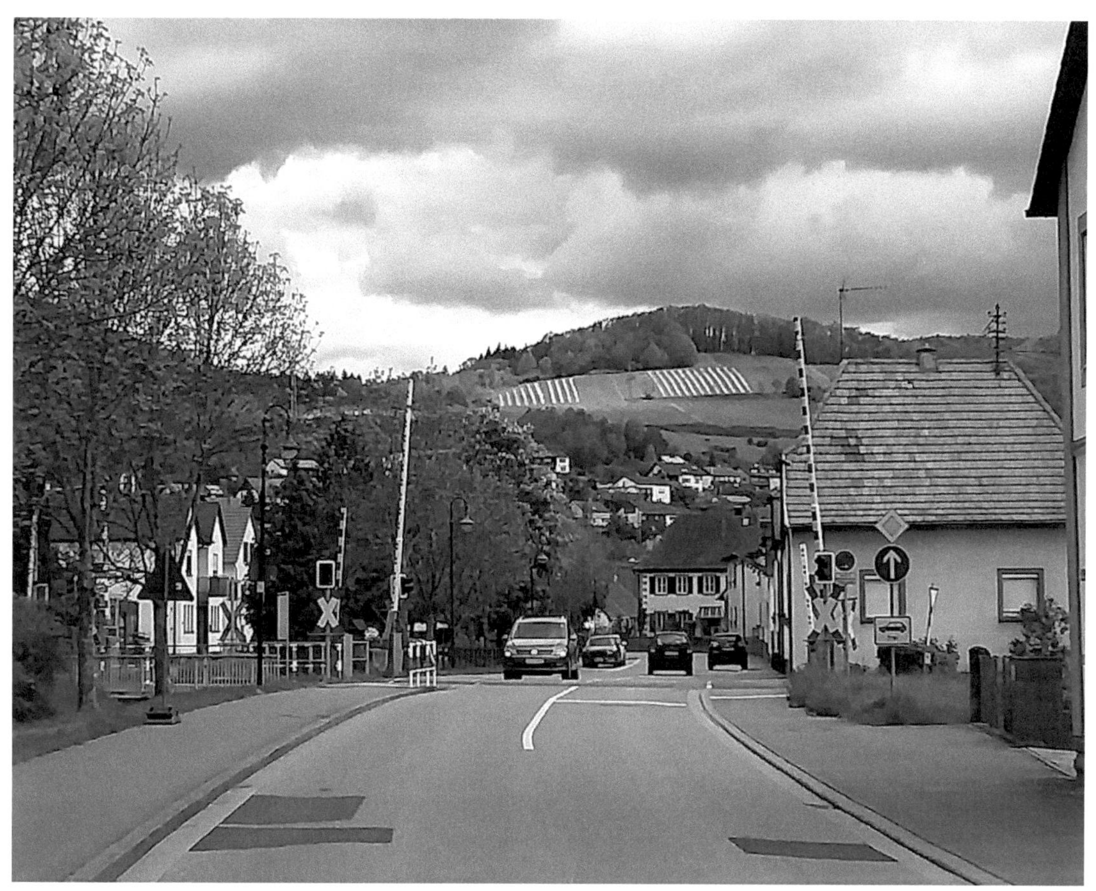

MEHR FOTOS zu meinen Büchern!

Alle Fotos von Autor Gerd Steinkoenig

C P 24. August 2023